Fontenay, Louis-Abel de Bonafous, abbé de
Couché, Jacques

Galerie du Palais-royal gravée d'après les tableaux des différentes écoles qui la composent, avec un abrégé de la vie des peintres et une description historique de chaque tableau...Tome III Paris : J. Couché; J. Bouillard, 1786. - In-fol., 4 p. et 82 pl. gravées

École hollandaise,allemande,française

V 501.
4 A.3.

GALERIE
DU
PALAIS ROYAL.

IMPRIMERIE DE H. PERRONNEAU.

ÉCOLE HOLLANDAISE.

ANTOINE MORO.
Hugues Grotius.

ABRAHAM BLOEMAERT.
Saint Jean prêchant dans le désert.

ADRIEN STALBEN.
La pêche.

CORNEILLE POELENBURG.
Les nymphes au bain.
Céphale et Procris.
Les nymphes et les faunes.
Les variés.
Les ruines.

REMBRANDT VAN-RYN.
Flamand.
Flamande.
Un bourguemestre.
Une vieille Hollandaise.
Le moulin.
Saint François.

GÉRARD DOW.
Le joueur de violon.
La vieille et la lampe.
La Hollandaise sur son seuil.

PIERRE LAER *(Bamboche.)*
Les enfans.
Les ânier.

PHILIPPE VOUWERMANS.
Départ pour la chasse.
Retour de la chasse.
La curée.
La chasse au vol.

HERMAN SWANEVELT.
Les bergers.

JEAN GRIFFIER.
La rivière.
Les deux montagnes.

BARTHOLOMÉ BREEMBERG.
Les ruines.
Les bergers.
Les rochers.
La tour.

JEAN-BAPTISTE WEENINX.
La gayette burlesque.

PAUL POTTER.
Chasse au cerf.

TOL.
La cuisinière.

FRÉDÉRIC MOUCHERON.
La chute d'eau.

FRANÇOIS MIÉRIS.
Le chimiste.
Les bacchantes.
Une femme mangeant des huitres.

GASPARD NETSCHER.
Portrait de Gaspard Netscher.
Les Bohémiennes.
Agar.
Le repos.
Offrande à Vénus.
La maîtresse d'école.
L'oiseau.

GODEFROI SCHALKEN.
La logue.

VAN-DER-NÉER.
Retour des bestiaux.

ADRIEN VAN-DER-WERFF.
La vendeuse de marée.
Le vendeur d'œufs.
Le jugement de Pâris.

JEAN WYNANTS.
Le moulin.

ÉCOLE ALLEMANDE.

JEAN ROTTENHAMER.
Jupiter et Danaé.

JEAN-HENRI ROOS.
Le pâtre.

VAGNER.
Les voyageurs.
Les ruines.

ÉCOLE FRANÇAISE.

FRANÇOIS CLOUET *(Janet.)*
Henri IV.

SIMON VOUET.
Goucher de Châtillon.

NICOLAS POUSSIN.
Le baptême.
La pénitence.
La confirmation.
L'eucharistie.
L'extrême-onction.
L'ordre.
Le mariage.
La naissance de Bacchus.
Le frappement du rocher.
Moïse marchant sur la couronne de Pharaon.
Cédar expiré.
Le ravissement de Saint Paul.

CLAUDE GELÉE *(le Lorrain.)*
Soleil couchant.

JEAN-BAPTISTE SANTERRE.
La rogeuse.

EUSTACHE LE SUEUR.
Alexandre et son médecin.

LE VALENTIN.
Les cinq sens.
Les quatres âges.
La musique.

PHILIPPE DE CHAMPAGNE.
Louis XIII.
Gaston de Foix.

SÉBASTIEN BOURDON.
Christine, reine de Suède.
Warin.

CHARLES LE BRUN.
Le massacre des innocens.
Hercule assommant les chevaux de Diomède.

HYACINTHE RIGAUD.
Charlotte-Élisabeth de Bavière, duchesse d'Orléans.

ANTOINE WATEAU.
Le bal champêtre.

GALERIE
DU
PALAIS ROYAL,

GRAVÉE

D'APRÈS LES TABLEAUX

DES

DIFFÉRENTES ÉCOLES QUI LA COMPOSENT,

AVEC UN ABRÉGÉ

DE LA VIE DES PEINTRES,

ET

UNE DESCRIPTION HISTORIQUE DE CHAQUE TABLEAU.

TOME TROISIÈME.

A PARIS,

Chez { J. COUCHÉ, GRAVEUR, RUE DE LA HARPE.
LAPORTE, LIBRAIRE, RUE DE SAVOIE, N°. 5.

M. DCCC. VIII.

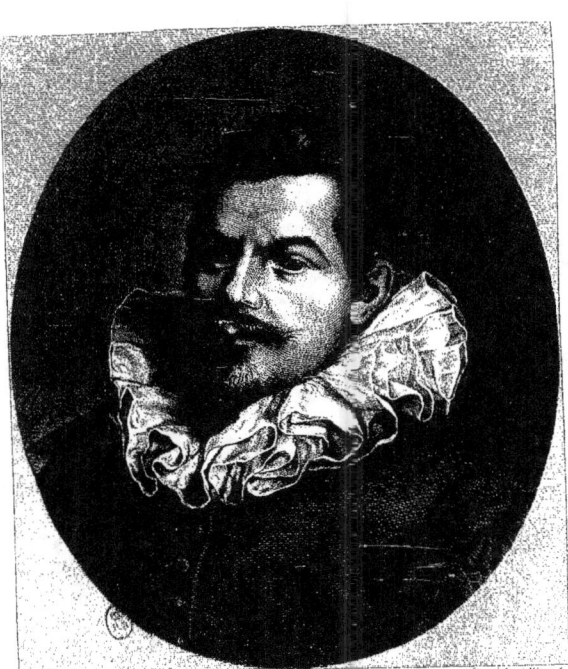

Peint par Viberi.   HUGUES GROTIUS.   Gravé par Maurel.

De la Galerie du Palais d'Orléans.

ECOLE HOLLANDAISE.

1.er PORTRAIT ATTRIBUÉ À ANTOINE MORO.

Peint sur Toile Figure de grandeur naturelle

Le Portrait de cet homme jeune encore, portant cheveux courts et moustaches, une fraise sur le cou, un pourpoint taillardé à l'insertion des manches, un manteau attaché seulement à l'une des épaules, passe pour être celui de Hugues Grotius, célèbre hollandais auteur de plusieurs ouvrages estimés et connu par son attachement généreux pour le grand pensionnaire de hollande Olden Barneveldt.

Quoique l'époque de la naissance et de la mort d'Antoine Moro soit incertaine, il n'est point probable que ce portrait soit en même tems celui de Grotius et l'ouvrage de l'Artiste auquel il est attribué. L'espace accordé à cette notice est trop resserré pour donner place à l'exposition de nos doutes, qui ne tendent nullement à déprimer le mérite réel de cet ouvrage. Nous nous reserverons à les exposer dans la table raisonnée des tableaux de cette collection, qui servira d'introduction et de complément aux explications déjà données.

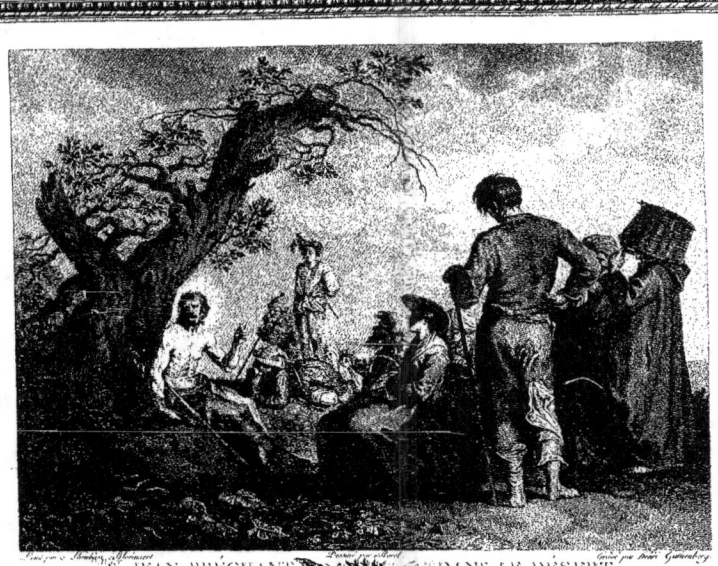

S.T JEAN PRÊCHANT DANS LE DÉSERT.
De la Galerie de S. A. S. Monseigneur le Duc d'Orléans.

ÉCOLE HOLLANDOISE.

TABLEAU D'ABRAHAM BLOÉMAERT.

Peint sur Bois, ayant de hauteur 14 Pouces, sur 1 Pied - Pouces de large.

Monseigneur le Duc d'Orléans ne possede que ce seul Tableau de ce Maître.

Ce Tableau est un des bons Ouvrages de Bloemaert. La distribution des plans et des groupes donne lieu à de belles masses d'ombre et de lumiere, et à un effet vigoureux. On remarque dans les figures d'assis bons caracteres de tete de la jeunesse et de la naïveté; mais la singularité du Costume dans les vêtemens donne en général un caractere extraordinaire et plaisant même à quelques personnages. Cette icone est pourtant recherchée aux yeux des connoisseurs par le séduisant du Coloris, la facilité du Pinceau et la fermeté de l'effet qui constituent en Peinture le mérite essentiel d'un Tableau.

Abraham Bloemaert naquit, selon Sandrart, en 1564 dans la Ville de Gurcum; il suivit son Pere qui étoit Architecte à Utrecht, où il fut élevé. Il ne dut son Talent qu'à la Nature, n'ayant eu pour Maîtres que des Peintres médiocres. Bloemaert quitta sa Patrie à l'âge de 15 ou 16 Ans, et se rendit à Paris; il s'adressa à Jean Bassel et à Maître Bery, tous deux Peintres médiocres; il ne resta avec eux que trois Mois dessinant et peignant toujours de génie. Il quitta cette Ville pour retourner dans sa Patrie et vint ensuite à Amsterdam, où il eut occasion d'exercer son Talent.

Tous les genres de la Peinture lui étoient familiers, hors celui du Portrait. Ses Compositions plaisent, parcequ'il sçut y répandre des graces; mais on y trouve un goût de Dessein manieré; il coloroit bien et connoissoit les avantages du Clair obscur dont il a sçu tirer parti. Tous ses Tableaux portent le Caractere d'une production facile: ils sont peu connus en France. La Hollande, la Flandre et l'Allemagne possedent en partie tout ce qu'il a fait. Après la mort de son Pere il retourna à Utrecht où il mourut en 1647, âgé de plus de 80 Ans; il se maria deux fois; parmi ses trois fils Corneille Bloemaert s'est très distingué dans la Gravure.

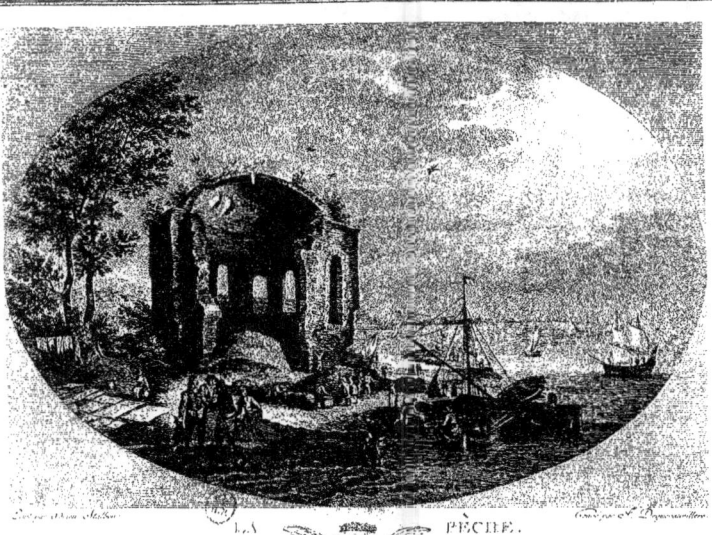

LA PÊCHE.

De la Galerie du Palais Égalité.

ÉCOLE HOLLANDOISE.

TABLEAU D'ADRIEN STALBEN

Peint sur Cuivre, Ovale, ayant de hauteur 8 Pouces, sur 10 Pouces de large.

Il n'y a qu'un seul Tableau de ce Maître dans la Collection du Palais Royal.

Ce Peintre né à Anvers en 1580, fit paroitre dès l'âge le plus tendre, un génie doué des plus belles dispositions pour la Peinture. Aussi les premières années de sa jeunesse furent-elles marquées par les progrès les plus rapides. Son assiduité à l'étude et au Travail, sa facilité à copier les plus beaux Originaux, annonçoient un artiste qui oseroit un jour entrer en concurrence avec les plus habiles de son tems.

Stalben s'adonna principalement au Paysage, et y fit briller ses Talens. Ses Compositions aussi étendues que variées embrassoient presque toutes les parties de son Art. Il embellissoit ses tableaux de petites figures qu'il dessinoit avec esprit, et qu'il peignoit d'un bon ton de Couleur. Les Édifices qu'il y mettoit, montoit son intelligence dans la perspective et l'Architecture; le feuillé de ses arbres est bien touché, et en rend bien les différentes espèces. Une grande harmonie règne par tout, et son fini précieux, agréable et délicat, peut être mis en parallèle avec celui des Peintres qui se sont le plus distingués dans cette carrière.

Stalben mourut dans un âge très avancé, sans que l'on sache en quelle Année. On assure qu'il s'occupoit encore de son Art à l'époque de sa mort.

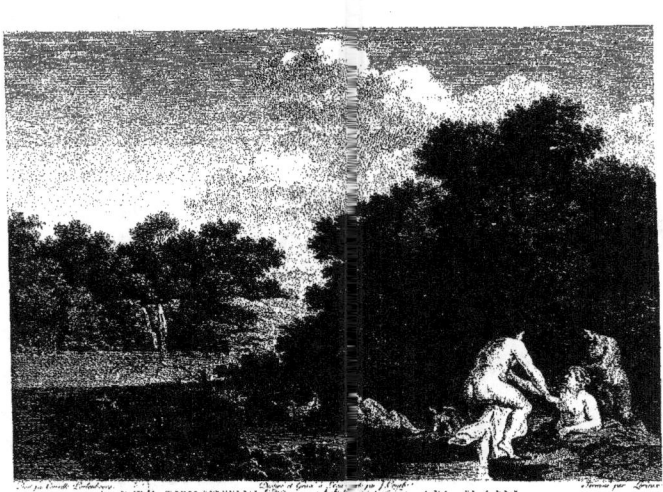

LES NYMPHES AU BAIN
De la Galerie de S. A. S. Monseigneur Le Duc d'Orléans.

ECOLE HOLLANDOISE.

TABLEAU DE CORNEILLE POELENBURG.

Peint sur Bois, Gravé de même grandeur que l'original.

On voit six Tableaux de ce Maître dans la Galerie du Palais Royal.

Le mérite de ce Tableau, comme de tous ceux qui sont connus de Poelenburg, quand ils sont en petit, est le ton vrai de la Nature qu'il savoit parfaitement suivre. Son coloris est aussi, en touche fine et légère, son paysage largement jetté d'un beau ton vigoureux et sans sécheresse. Ses figures qui, dans presque tous ses Ouvrages, sont des femmes au bain ou dansant avec des Satyres, sont d'un bon ton de couleur. Dans le sujet dont il est ici question, les femmes dont les attitudes sont variées, intéressent sous tous les rapports qui constituent un savant Artiste. On est peut-être en droit de reprocher à Poelenburg de n'avoir pas un grand caractère de Dessin. Il a laissé une très grande quantité de Tableaux qui font l'ornement des Cabinets.

Corneille Poelenburg, né à Utrecht en 1586, reçut les premiers principes de son art d'Abraham Bloemaert, et se rendit fort jeune à Rome où il se proposa pour modèle la manière d'Adam Elsheimer. Les Amateurs qui voyoient le voir travailler, charmés de ses belles créations, lui commandèrent assez de morceaux pour l'occuper pendant son séjour dans cette Ville. S'étant déterminé à retourner dans sa Patrie, il passa par Florence, où le Grand-Duc voulut aussi employer son Pinceau, et lui donna des preuves de l'estime qu'il faisoit de ses Tableaux.

De retour à Utrecht, Rubens qui aimoit sa manière de peindre, ne négligea rien pour se procurer plusieurs de ses Tableaux. L'éloge d'un si grand homme suffisoit seul pour donner une haute idée des Talens de Poelenburg, mais sa réputation fut encore mieux établie par d'excellens Ouvrages. Il passa jusqu'à Londres où Charles I l'attira en 1637, il enrichit le Cabinet de ce Prince de plusieurs beaux Tableaux, et il revint comblé de biens à Utrecht, où il mourut en 1660, âgé de 74 ans.

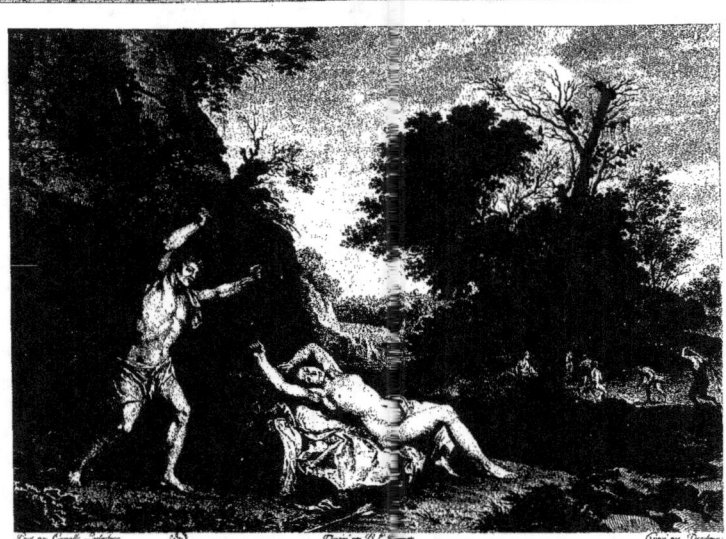

Peint par Corneille Polenburg.   Dessiné par...   Gravé par Duvivier.

CÉPHALE ET PROCRIS

De la Galerie de S. A. S. Monseigneur le Duc d'Orléans.

ÉCOLE HOLLANDOISE.

II.ᵉ TABLEAU DE CORNEILLE POELENBURG.

Peint sur Cuivre, ayant de hauteur 10 Pouces, sur 14 de large.

Ce sujet est tiré de la Mythologie, on n'a qu'à ouvrir le premier Livre qui traite de la Fable, pour savoir ce qu'étoient Céphale et Procris. On se contentera de dire ici que l'Aurore ayant aimé le premier, tâcha vainement de lui inspirer de l'Amour; celui qu'il éprouvoit pour Procris le rendit insensible aux charmes de la Déesse. Revenu auprès de son Épouse, et tourmenté par la Jalousie, il voulut mettre à l'épreuve sa fidélité en se déguisant, il eut lieu de reconnoître combien il est dangereux de tenter une femme, même la sienne. Procris prêta l'oreille aux tendres déclarations d'un amant qui n'étoit pas son Mari; mais qu'elle fut sa honte quand celui-ci reprenant tout-à-coup sa figure, lui fit les reproches les plus amers sur sa infidélité; elle s'enfuit dans les Bois, où Céphale qui ne pouvoit vivre sans elle alla bientôt la chercher. En signe de réconciliation, elle lui fit présent d'un Javelot et d'un Chien que Minos lui avoit donnés. A son tour elle éprouva tous les tourments de la Jalousie, et un jour qu'elle s'étoit cachée dans un Buisson pour épier son époux, elle devint la triste victime de la méprise de Céphale; il la prit pour une bête fauve, et la tua avec le Dard, dont elle lui avoit fait présent. Le désespoir qu'il ressent de sa fatale erreur, le porta à se donner la mort avec la même arme. Jupiter les métamorphosa tous les deux en Astres.

Corneille Poelenburg a saisi l'instant où Céphale accourt aux cris plaintifs de Procris. Le coups nud et renversé de cette infortunée est rendu avec une grande bizarrerie de touche. Céphale exprime fortement, par son attitude, sa surprise et sa douleur. Tous les accessoires donnent à ce Tableau l'effet le plus piquant. On ne reconnoit pas ici le caractère du Dessin lourd et incorrect, qu'on reproche généralement à Poelenburg. Peut-être seroit-on plus fondé à le blâmer de n'avoir pas puisé dans la Nature l'attitude de Procris, qui paroit trop appuyée, et les draperies trop arrangées, quoiqu'elles soient du plus beau ton; mais ces défauts de convenance sont si bien rachetés par la parfaite exécution, que l'on peut à tous égards regarder ce Tableau comme un des plus séduisants, qui soient sortis du main de ce célèbre Artiste; il est d'ailleurs de la plus belle conservation.

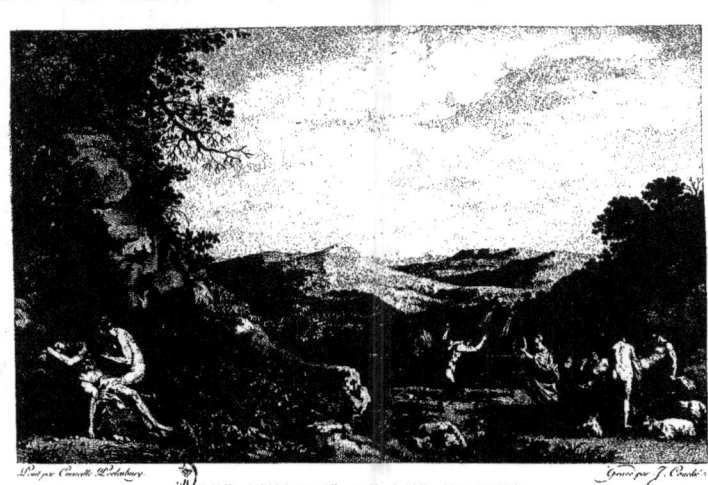

Peint par Corneille Poelenburg.   LES NYMPHES ET LES FAUNES.   Gravé par J. Couché.

De la Galerie du Palais d'Orléans.

ÉCOLE HOLLANDOISE.

IIIe TABLEAU DE CORNEILLE POELENBURG.

Peint sur Bois, ayant de hauteur 1 Pied 3 Pouces, sur 2 Pieds de large.

 On peut citer ce Tableau comme un des plus précieux de ce Maître ; il réunit toutes les parties aux quelles son goût le ramenoit sans cesse, mais que son génie exprimoit toujours avec un nouvel intérêt. Ici la Scène offre un Site charmant qui invite l'œil à en parcourir les différens Plans et à s'arrêter sur les détails qui les enrichissent. D'un côté c'est un homme qui sommeille à l'entrée d'une Grotte formée dans un Rocher, et qu'une femme cherche à réveiller ; de l'autre on voit un Satyre dansant avec une femme qui frappe un Tambour de Basque ; et près d'eux sont d'autres figures qui se reposent entourées des Chèvres, des Moutons et des Vaches qu'ils ont amenés paître au pied des Rochers qui les environnent.

 Un Ciel suave et légèrement chargé de Nuages répand de la gaieté dans l'effet de ce Tableau : le Paisage, les Plantes et le Rocher qui en occupent le devant produisent des masses d'ombres et des oppositions de tons qui concourent à la perfection de l'harmonie générale. Enfin on retrouve par tout le Coloris, la finesse et le moëlleux du Pinceau qui caractérisent les Ouvrages de *Corneille Poelenburg.*

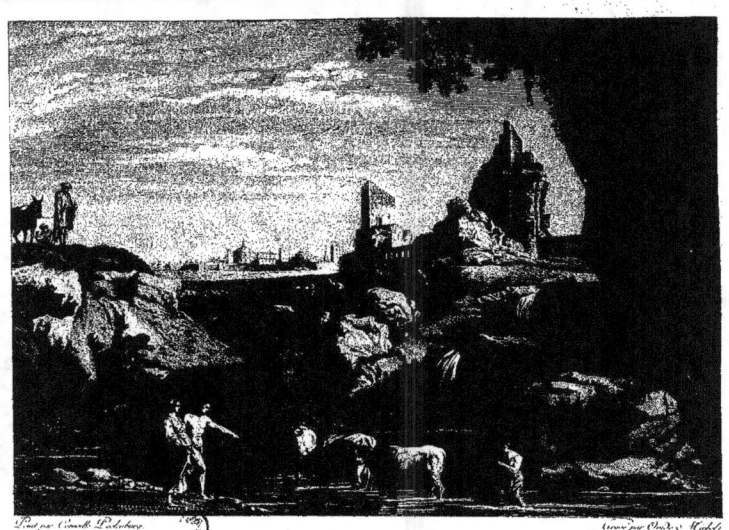

Peint par Corneille Poelenburg.   Gravé par Ouvrié Michel.

LES VACHES.

De la Galerie du Palais d'Orléans.

ÉCOLE HOLLANDOISE.

IVme TABLEAU DE CORNEILLE POELEMBURG.

Peint sur Cuivre, ayant de hauteur 1 Pied 3 Pouces, sur 1 Pied 9 Pouces de large.

La manière de Poelenburg, dit M. Descamps, est suave et légère, la Nature est représentée dans tout ce qu'il a peint, tout ce vague et fait de peu de travail, ses Masses sont larges, il savoit retoucher ses ouvrages, lors qu'ils étoient faits. D'un travail léger les finissant, il savoit choisir des lointains agréables qu'il embellissoit de petits Édifices situés aux environs de Rome. Ses fonds sur le Devant soutenoient l'harmonie de ses Tableaux, il entendoit bien le Clair-Obscur, ses figures nues sont bien Coloriées, il se plaisoit sur-tout à peindre des femmes. Sa Touche étoit pleine d'esprit, mais le Dessein en est rarement correct, il lui manquoit encore cette finesse qu'il avoit dans le Pinceau.

Ses Tableaux en petit, sont les plus recherchés; le nombre en est considérable, on ne doit cependant pas les confondres avec ceux de ses Élèves qui ont imité sa manière.

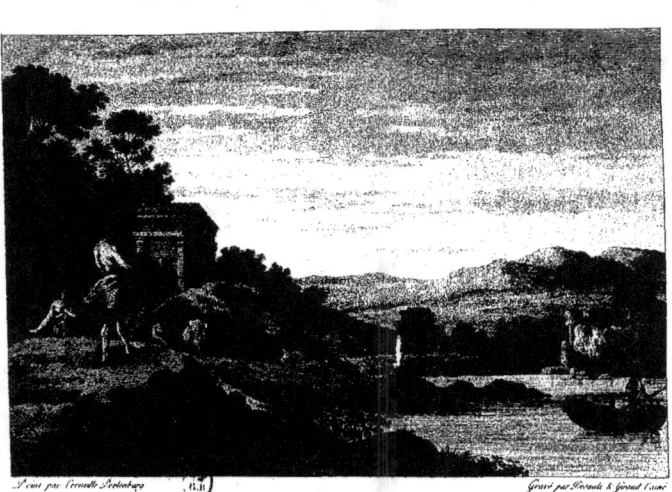

Peint par Corneille Poelenburg. Gravé par Gérard & Gérard Cadet.

LES RUINES.
De la Galerie du Palais d'Orléans
ECOLE HOLLANDOISE.

V.ᵉ TABLEAU DE CORNEILLE POELENBURG.

Peint sur toile, hauteur 1 pied 4 pouces, largeur 1 pied 10 pouces.

Au pied d'une colline couverte de bois s'élève un petit édifice orné de pilastres dont la forme ressemble à celles de plusieurs petits temples et tombeaux répandus dans les campagnes de Rome. À la gauche du spectateur se présentent des ruines sur le bord d'un fleuve qu'un pêcheur traverse dans sa barque. Vers la droite deux femmes et quelques animaux sont cachés en partie par le premier plan qu'occupe un pâtre debout, à demi-nud et armé d'un bâton qui lui sert d'appui pour marcher. Le ciel est lumineux et annonce l'approche d'une belle soirée dont l'Italie donne souvent le spectacle agréable.

Quoique ce tableau offre plustôt le souvenir vague que l'image fidelle d'un site particulier, il y a lieu de croire que Poelenburg en le traçant se rappeloit les bords du Tibre près de Rome vers la fontaine d'eau minérale, connue sous le nom d'Acqu'acetosa.

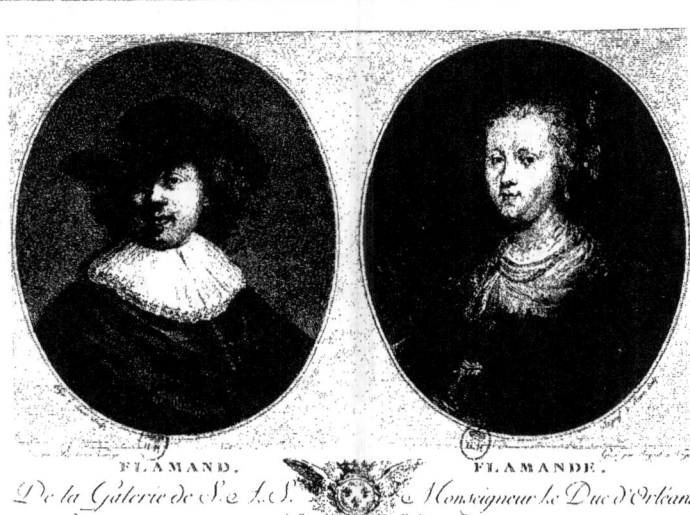

FLAMAND.   FLAMANDE.

De la Galerie de S. A. S. Monseigneur le Duc d'Orléans.

ÉCOLE HOLLANDOISE.

I.er ET II.e TABLEAU DE REMBRANT VAN RYN.

Peints sur Bois ayant de hauteur 13. Pouces sur 16. Pouces 6. Lignes de large.

S. A. S. Mgr. le Duc d'Orléans possède Six Tableaux de Rembrant.

Ils étoient autrefois au Palais Royal; mais en les voyant aujourd'hui au Raincy où S. A. S. Mgr. le Duc d'Orléans les fit transporter, avec les meilleurs Tableaux de l'École Flamande, pour orner ce lieu de plaisance, situé à trois lieues de Paris, dont il faisoit ses délices.

On sait que Rembrant excelloit dans le portrait; il avoit l'art de saisir le caractère de chaque physionomie et d'imiter si fidèlement la nature, qu'il sembloit que ses têtes s'animassent, se sortissent de la toile. C'est ce qu'on remarque surtout dans les deux têtes qui composent cette Estampe; on ne connoit pas de lui que ces deux chefs-d'œuvres sortis de la main de ce Peintre, vers 1632. C'est à dire dans le temps où son talent s'étoit déjà élevé à la perfection. Les deux qualités eminentes de cet Artiste, le grand effet et la belle couleur, y paroissent dans tout leurs éclat; mais ce qui les distingue encore d'une manière particulière, et ce qui mérite l'attention des Amateurs, c'est qu'elles sont d'un fini achevé, comparable à celui de Gerard Dow ou de Mieris, genre de mérite assez rare dans Rembrant, qui avoit coutume de charger les lumières dans ses portraits, d'épaisseurs si considérables qu'on diroit qu'il a voulu plutôt modeler que peindre. On cite sur tout de lui une tête où le nez s'avançait au saillant que cela qu'il avoit copié d'après nature. Cette manière de peindre le portrait n'étoit pas du goût de tout le monde; mais Rembrant s'en embarrassoit fort peu. Il dit un jour à quelqu'un qui se reprochoit de sort prix pour voir ce qu'il peignoit, qu'un tableau n'étoit pas fait pour être flairé, et que l'odeur de la couleur n'étoit pas saine.

Rembrant, dont le véritable nom de famille étoit Gerretz, naquit dans un moulin près de Leyde en 1606 et mourut à Amsterdam en 1674. Il ne s'est pas rendu moins célèbre par ses Gravures que par ses Tableaux; il a su répandre dans les unes et dans les autres la même harmonie, la même chaleur, et la même intelligence du clair obscur. Sa pointe libre et pittoresque néglige les préceptes de l'art; mais une touche légère, spirituelle, expressive offre des beautés qui feront toujours les délices des connoisseurs. Le nombre de ses Estampes est considérable, on en compte environ 380. parmi lesquelles on trouve son portrait, qu'il a gravé plusieurs fois, de même que celui de sa femme. Quelques connoisseurs prétendent que ces deux têtes sont les portraits de l'un et de l'autre.

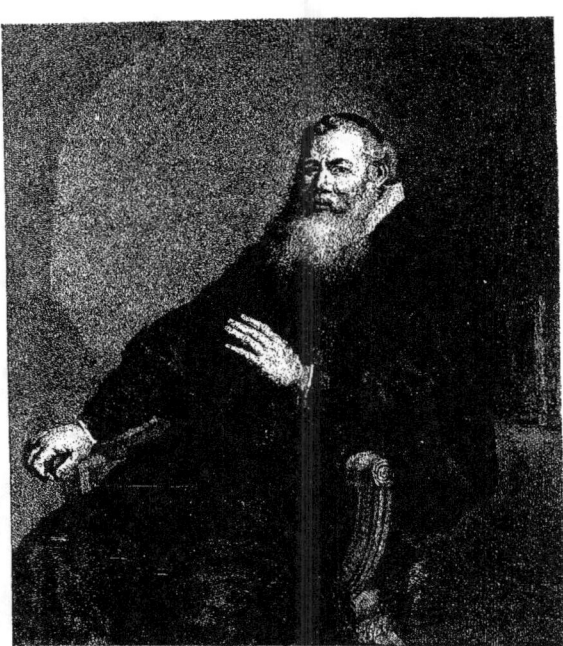

PORTRAIT D'UN BOURGUEMESTRE
De la Galerie de S. A. S. Monseigneur le Duc d'Orléans.

ÉCOLE HOLLANDOISE.

TABLEAU DE REMBRANT VAN RYN
Peint sur Toile, ayant de hauteur 4 Pieds 5 Pouces, sur 3 Pieds 4 Pouces de large.

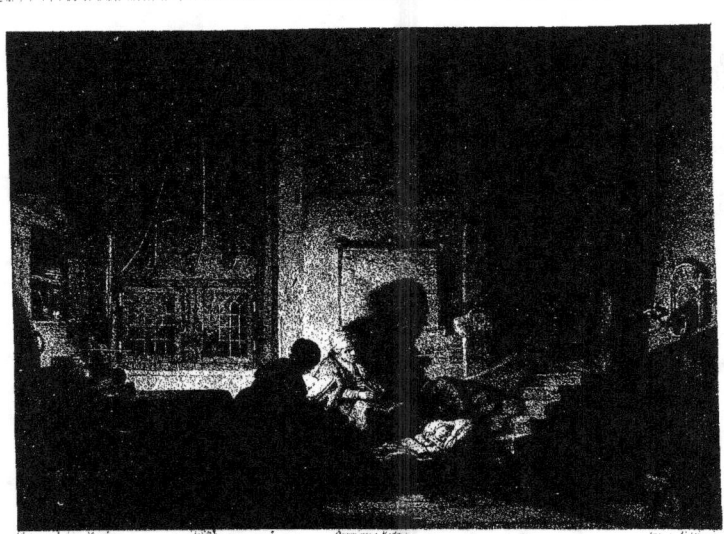

LA VEILLÉE HOLLANDOISE
De la Galerie de S. A. S. Monseigneur le Duc d'Orléans.

ÉCOLE HOLLANDOISE.

IIIe. TABLEAU DE REMBRANT VAN-RYN.

Peint sur Bois, ayant de hauteur 1 Pied 10 Pouces, sur 2 Pieds 4 Pouces de large.

Rembrant, dans ce Tableau, a déployé toutes les ressources de son intelligence dans les secrets du Clair Obscur. C'est une de ces Scènes domestiques dont la rustique simplicité disparoît, ou plutôt s'anoblit par tout ce que le magie des couleurs peut produire de plus vrai et de plus harmonieux. Le Peintre a représenté l'intérieur d'une chambre basse, de structure Hollandoise. Une jeune femme près de la lueur d'une Lampe sur le levier à une veille qui semble avoir quitté le travail de son Rouet pour l'écouter, un Enfant endormi dans son Berceau, est placé près d'elles. Sous un Escalier on apperçoit, dans l'obscurité, un homme qui tire de la Bierre d'un Tonneau. Du côté opposé est une grande Table couverte d'un Tapis, sur laquelle sont différens ustensiles de ménage. Un beau foyer de lumière sur lequel se détache en demie teinte la femme qui lit, rejaye sur la vieille et sur l'Enfant et en se dégradant s'éparpille sur tous les objets environnans.

La naïveté de cette composition, l'illusion que son grand effet produit, prouvent combien Rembrant étoit fidèle observateur de la Nature, dont il avoit pour ainsi dire dérobé le secret par l'étude constante et combien qu'il en avoit faite. De là cette facilité admirable que l'on remarque dans la formation de ses tons, et l'harmonie qui en résulte. Ses transitions des tons les plus graves aux plus suaves et aux plus brillants réussissent les connoisseurs mais ses moyens leurs sont ils connus ? Rien ne tombant sous le Pinceau de Rembrant sa touche précise, sûre et légère tout-à-la fois imprime à chaque objet le ton, le mouvement et le caractère qui lui est propre, et aussi tout cet illusion est telle dans le Tableau dont il est ici question, que son harmonie exprime le mystère et le plus profond silence.

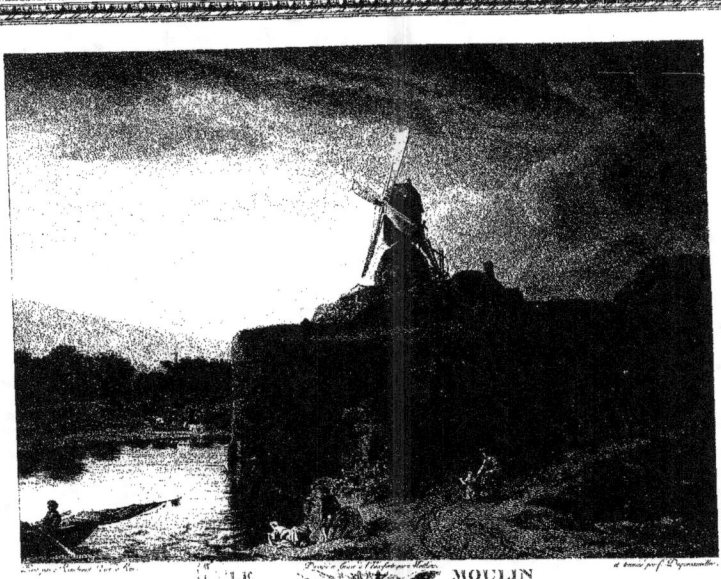

LE MOULIN
De la Galerie de S. A. S. Monseigneur Le Duc d'Orléans.

ÉCOLE HOLLANDOISE

V.ᵉ TABLEAU DE REMBRANT VAN-RIN.

Peint sur Toile, ayant de hauteur 2 Pieds 8 Pouces, sur 3 Pieds 2 Pouces de large.

Ce Tableau, comme tous ceux de ce Maître, est d'un effet vigoureux et piquant qui fait le principal intérêt d'un Site copié fidèlement d'après Nature. Cette composition simple ne doit à Rembrant d'autre richesse que celle de l'harmonie, et la Magie d'effet qui féconde et vivifie tout. Il possédait à un degré éminent cette partie du génie Pittoresque, si essentielle surtout, dans le genre du Paysage où la Nature dicte elle même l'Ordonnance de la Scène, en détermine les Plans, les Masses, et pose des bornes que le feu de l'enthousiasme, ne peut franchir sans risquer de la défigurer. Rembrant savait s'arrêter à propos; il sentait qu'au-delà du beau vrai, toute illusion est vicieuse, et que le beau idéal quelque séduisant qu'il soit, n'est que le résultat d'un goût licencieux qui, en Peinture même d'erreur en erreur à une dépravation pernicieuse.

On voit que le Tableau ici représenté offre un effet pris au déclin du jour. Tout le Côteau escarpé sur lequel pyramide un Moulin à Vent, et quelques Masures qui l'environnent sont totalement dans le Clair-Obscur, parceque le Soleil est bas. La Rivière qui circule autour du Moulin, ne reçoit de lumière que par le reflet d'un Ciel chaud et vigoureux. Et au-delà de la Rivière, est une prairie bordée d'Arbres, se détachant en demie-teinte sur un Côteau qui termine l'horizon, et dont le ton suave se confond avec celui du Ciel. Sur le premier plan au-dessous du Moulin, sont quelques figures, dont une est occupée à laver du Linge au bord de l'Eau. Quelques Arcades de pierre soutiennent une chaussée au bord de laquelle sont quelques Buissons. Toute la partie terrestre de ce Tableau fait un très beau contraste de Clair-Obscur avec un Ciel lumineux en grande partie

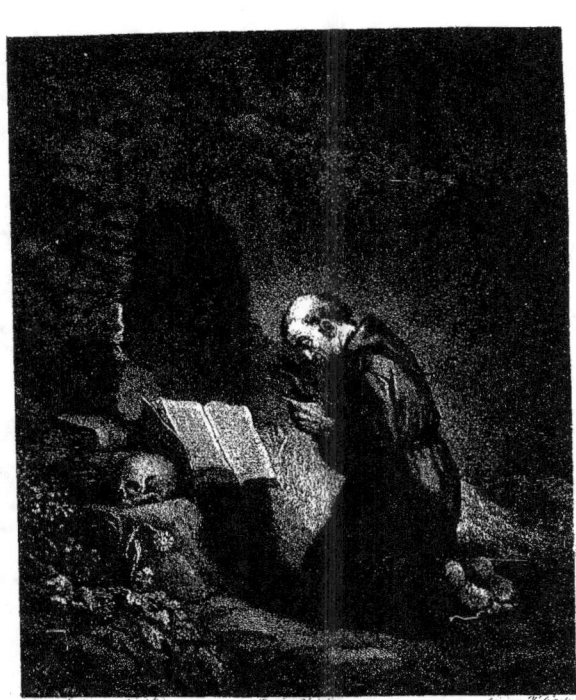

SAINT FRANÇOIS.

De la Galerie de S.A.S. Monseigneur le Duc d'Orléans.

ÉCOLE HOLLANDOISE.

N.E TABLEAU DE REMBRANT VAN-RYN.

Peint sur Bois, ayant de hauteur 1 Pied 10 Pouces, sur 1 Pied - Pouces de large.

Les sujets les plus stériles deviennent riches sous le Pinceau de Rembrant par la force de son Coloris et la finesse de l'effet dont il scavoit les rendre susceptibles, c'est ce que l'on admire ici dans ce Tableau où l'on voit S.t François en méditation. Il est à genoux devant un Crucifix qu'il tient à.

Le ton mystérieux de toutes les parties du Tableau contribue à l'illusion du Silence qui semble régner dans cette solitude. Une touche large, et une sçavante repercussion de tons produisent l'effet le plus harmonieux et le plus piquant. C'est un des bons Tableaux de ce Maitre, des plus finis et des mieux conservés à.

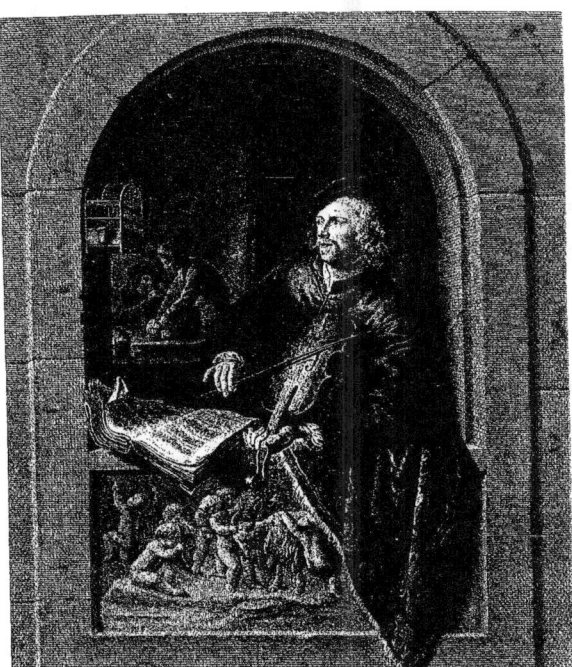

Gerard Douw pinx.¹   R. Delvaux sculp.

LE JOUEUR DE VIOLON.

De la Galerie du Palais d'Orléans

ÉCOLE HOLLANDOISE.

1ᵉʳ TABLEAU DE GERARD DOUW.

Peint sur bois, hauteur 1 pied, largeur 7 pouces, il est ceintré par le haut.

Ce tableau depuis longtems connu dans la Galerie d'Orléans sous le titre du joueur de violon de Gérard Douw, représente un homme chantant et s'occupant avec cet instrument. Un livre de musique et un tapis sur l'appui de la fenêtre dérobent aux yeux une portion du bas-relief qui, ferme et doré la portion inférieure de la baie. Dans le fond on apperçoit un peintre élève occupé à regarder broyer la couleur. Quelque ressemblance des traits du joueur de violon avec ceux de Gérard Douw ont fait depuis présumer que ce pouvoit être le portrait de ce peintre. Si l'on en croit cependant ceux qui en écrivirent sa vie n'eut pas manqué de faire remarquer le soin qu'il prenoit à préparer lui-même ses couleurs, à faire ses pinceaux, à éviter la poussière par la crainte qu'elle n'altérât la pureté de ses teintes, il paroîtroit pour vraisemblable que ce le tête où cherché à transmettre sa trois sieurs en costume et avec le nécessaire accessoire à la conduite qu'il tenoit et dont il s'enorgueueillit; si je suis plus long à exécuter que les autres peintres, disoit-il à ceux qui lui reprochoient et ses recherches minutieuses et la longueur de son travail, c'est que, je travaille pour l'immortalité.

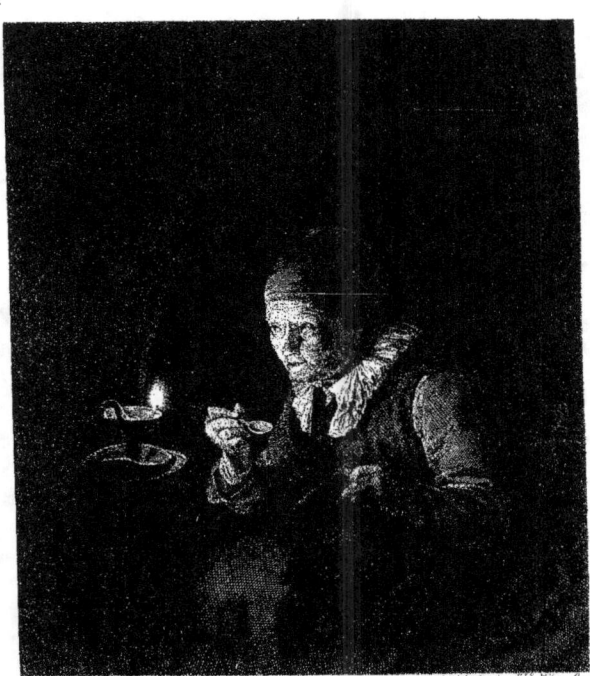

LA VIEILLE A LA LAMPE
De la Galerie de S. A. S. Monseigneur Le Duc d'Orléans.

ÉCOLE HOLLANDOISE.

TABLEAU DE GERARD DOUW.
Peint sur Bois ayant de hauteur 1 Pied sur 9 Pouces de large.

Le Tableau que cette Estampe représente est très renommé, une vieille femme, qu'on dit être la mère de Gérard Douw, en fait le sujet, on l'appelle la Vieille à la Lampe, parce que c'est une Lampe qui l'éclaire. Il n'est pas possible de trouver de travail plus fini et qui approche plus de la Nature. L'intelligence du Clair-obscur et de toutes les autres parties de la Peinture est portée au plus haut degré de perfection dans ce Tableau qui est d'ailleurs très bien conservé.

Gérard Douw mettant beaucoup de temps à composer ses Tableaux, il en vendoit le prix en comptant chaque heure à l'égard son œuvre, aussi les uns étoient payés six cents livres, d'autres huit cents et quelques uns jusqu'à mille. Cet Artiste acquit une fortune considérable.

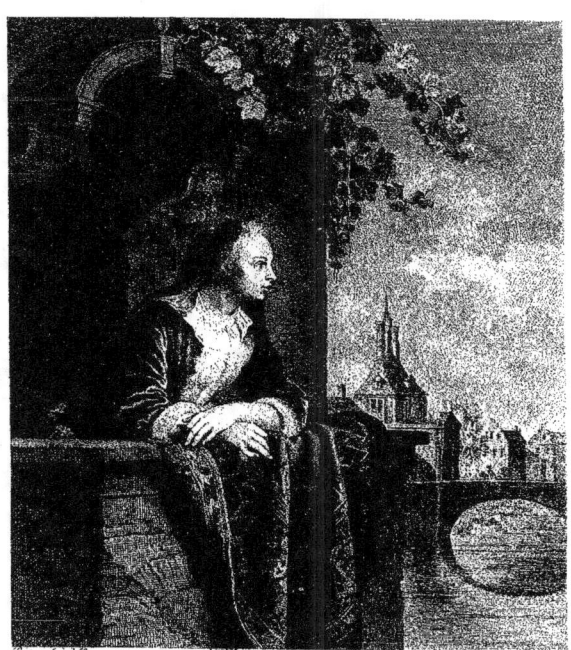

L'HOLLANDOISE SUR SON STOEB.
De la Galerie de S.A.S. Monseigneur le Duc d'Orléans.

ÉCOLE HOLLANDOISE.

III.ᵉ TABLEAU DE GERARD DOUW.

Peint sur Bois, ayant de hauteur 1 Pied 2 Pouces, sur 11 Pouces de large.

Une femme hollandoise, prend l'air appuyée sur le Perron d'entrée de sa Maison, appellé Stoeb en hollandois. Elle paroît fixer ce qui se passe de l'autre côté du Canal qui est devant elle.

Cette femme est blonde, et sa carnation qui est de la plus grande délicatesse, est rendue avec toute la fraîcheur de la Nature. Son Manteau de Velours noir fourré d'hermine, et le Tapis de Turquie sur lequel elle s'appuye, sont d'une vérité précieuse qui fait illusion, et qui distingue tous les Ouvrages de Gerard Douw. Ce Tableau est harmonieux, d'un bel effet, d'un coloris chaud et vigoureux et d'une belle conservation.

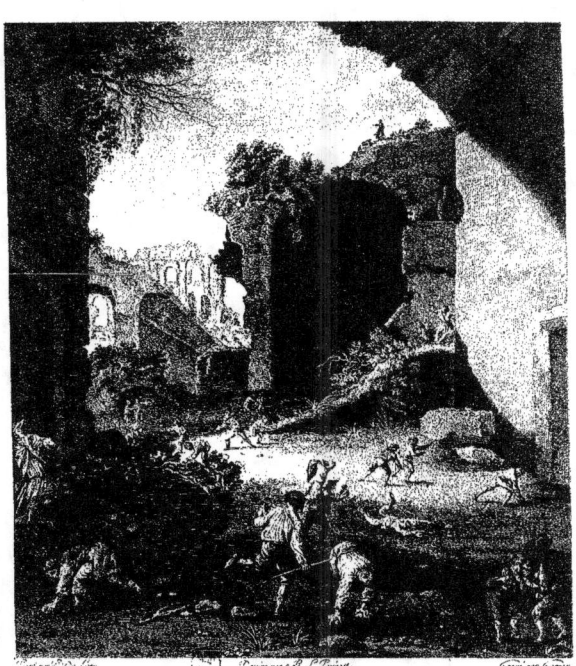

LES ENFANS.
De la Galerie de S. A. S. Monseigneur le Duc d'Orléans.
A.P.   D.R.

ÉCOLE HOLLANDOISE.

1.er TABLEAU DE PIERRE DE LAER,

DIT BAMBOCHE.

Peint sur Toile ayant de hauteur 1 Pied 11 Pouces, sur 1 Pied 6 Pouces de large.

Monseigneur le Duc d'Orléans possède deux Tableaux de ce Maître.

La naïveté, le bon ton de couleur, et l'effet le plus piquant font le mérite de ce Tableau qui représente des Enfans se battant à coups de Pierre, au milieu de Ruines et de débris d'Architecture.

Pierre de Laer naquit à Laaren proche la petite Ville de Naarden en Hollande, vers l'an 1613. On ignore ses Maîtres: il alla fort jeune à Rome, et c'est dans cette Ville et ses environs qu'il sut mettre à profit les dispositions qu'il avoit reçues de la Nature. Les Italiens le nommèrent Bamboche à cause de la difformité de son Corps, son enjouement et des mœurs aimables lui attirèrent l'estime et l'amitié de tout le monde, particulièrement du Poussin, de Claude le Lorrain, et de Sandrart. Indépendamment du beau génie qu'il avoit pour la Peinture, il étoit un des plus grands Musiciens de son tems. Il mourut à Haarlem en 1673 au âge près de soixante

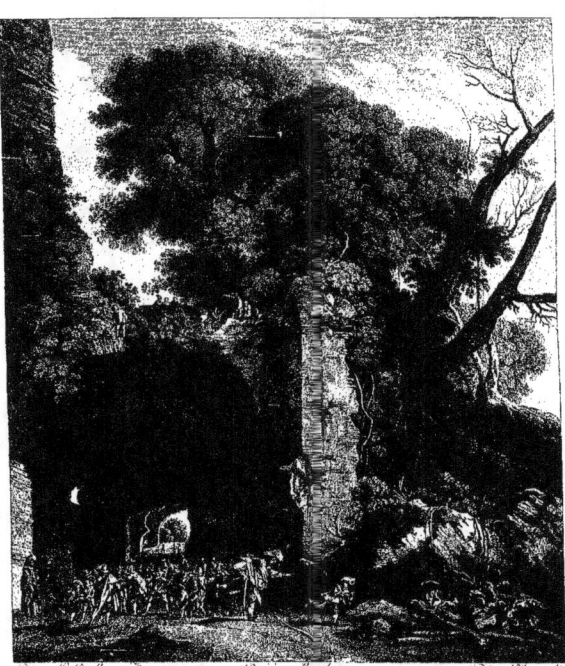

LES SБIRES.
De la Galerie de S.A.S. Monseigneur Le Duc d'Orléans.

ÉCOLE HOLLANDOISE.

TABLEAU DE PIERRE DE LAER.
DIT BAMBOCHE.

Peint sur Toile, ayant de hauteur 1 Pied 11 Pouces, sur 1 Pied 6 Pouces de large.

Ce Tableau qui fait pendant au précédent représente l'arrivée des Sbires qui mettent fin au Combat; les uns arrêtent les coupables et les fouettent, d'autres les poursuivent. Toutes ses figures sont d'un Dessin fin et correct. Le Paysage est fait d'une grande Manière, les Arbres ont de belles formes et paraissent se mouvement dans l'Air. Les devants du Tableau sont encombrés de Plantes, de Roches, de Joncs et de Mousse, jettés avec un goût et une variété admirable.

Bamboche avoit un mineur frère ou des frères en Italie qui travailloient dans sa manière, mais inférieurs en mérite. Pierre Rachel Laer, mourut à Venise, et le plus jeune qui l'avoit accompagné dans ses Voyages, périt malheureusement près de Rome, en passant sur un Pont de bois d'une Montagne à une autre Lettre sur lequel il étoit monté, tomba et se précipita avec le jeune de Laer dans un Torrent rapide et très profond.

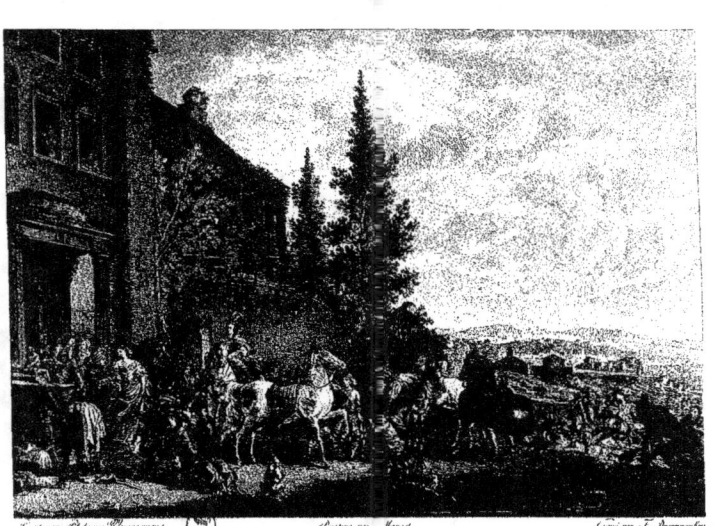

Peint par Philippes Wouwermens.   Dessiné par Monet.   Gravé par F. Dequevauviller.

DÉPART POUR LA CHASSE.

De la Galerie du Palais d'Orléans.

ÉCOLE HOLLANDOISE.

TABLEAU DE PHILIPPES WOUWERMENS,
Peint sur Bois, ayant de hauteur 1 Pied 6 Pouces, sur 2 Pieds de large.

On voit quatre Tableaux de ce Maître dans la Collection du Palais d'Orléans.

    Bacbou si fertile en grands Peintres, vit naître Philippes Wouwermens en 1620, son père Paul Wouwermens Peintre fort médiocre fut son premier Maître, mais Jean Wynants Peintre habile le reçut chez lui et lui fit changer sa Méthode qui étoit mauvaise. Le jeune Élève employa bien son temps, et profitant des instructions de ce nouveau Maître, se vit bientôt en état d'étudier la Nature sans le secours de personne.

    Wouwermens retiré chez lui, fit de mûres réflexions, et après avoir comparé long-temps les leçons de l'Art, il apprit que les véritables sont celles de la Nature, il ne dessina plus que d'après elle, et il se fit en peu de temps cette belle manière que nous lui connoissons, et qui est aussi agréable qu'inimitable.

    Wouwermens a beaucoup travaillé, et il est presqu'incroyable qu'un seul homme ait pu suffire à la multitude et au grand fini de ses Ouvrages, ses sujets les plus ordinaires sont des Chasses, des foires de Chevaux, des attaques de Cavalerie, &c. Aucun Peintre ne l'a surpassé dans l'art du Dessin en ce Genre, ses Chevaux, ses figures ont une grande correction, sa couleur est excellente, il avoit la magie d'adoucir sans ôter la force, il est gras et pâteux. Des touches fermes, quoi qu'avec finesse, l'ont rendu presqu'impossible à deviner; il règne dans ses Tableaux beaucoup d'harmonie et d'entente du Clair-obscur, ses oppositions sont sages et la division de ses plans imperceptible; ses lointains et ses Ciels, ses Arbres et ses Plantes, tout est une imitation exacte de la Nature.

    Wouwermens mourut à Harlem le 19 Mai 1668 âgé de 48 ans.

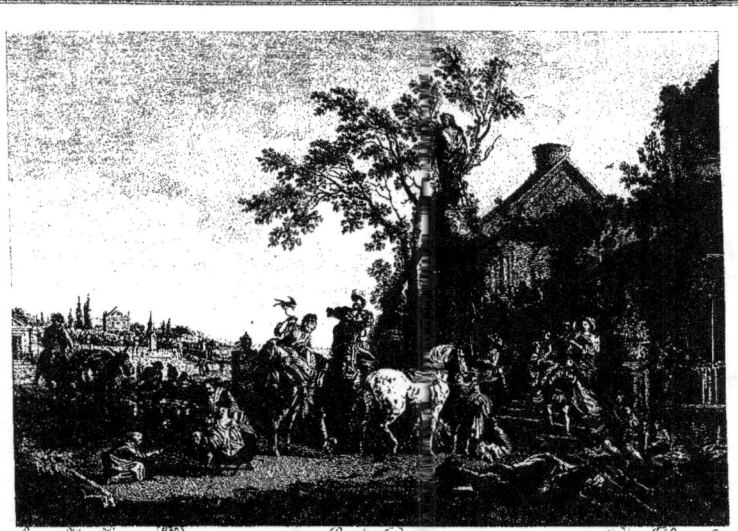

RETOUR DE CHASSE.
De la Galerie du Palais Royal.

ÉCOLE HOLLANDOISE.

H.ᵉ TABLEAU DE PHILIPPES WOUWERMENS.

Peint sur Bois, ayant de hauteur 1 Pied 6 Pouces, sur 2 Pieds de large.

La Composition de ce Tableau est charmante et pleine de détails infiniment précieux; elle représente un Retour de Chasse. Les Figures, les Chevaux et autres Animaux sont du Dessin le plus fin et le plus spirituel, et le Paysage qui les tient n'en fait pas un des moindres agrémens. L'on voit sur le devant un Cheval blanc tenu par un Page, tandis que le Maitre monte les degrés du Chateau et offre à une Dame une pièce de gibier. Une Femme qui est encore sur son Cheval tient un Faucon; un Cavalier près d'elle sonne le Cor. Plus loin des Piqueurs arrivent ramenant une Meute et un Mulet chargé. Sur le devant sont deux femmes qui jouent avec un Enfant porté par une Chèvre. L'Entrée du Chateau est très Pittoresque par des Treilles qui la décorent. D'un côté de la Porte est une fontaine dont l'Eau jaillit du sein d'une Statue, de l'autre côté est la Statue de Diane. Il y a du mouvement dans cette composition et des Episodes qui y répandent beaucoup d'intérêt.

L'on reconnoit à la Touche, au Coloris et à l'harmonie de ce Tableau qui est très bien conservé que Philippe Wouwermans est regardé à juste titre comme le Peintre le plus précieux dans ce genre et qu'il possédait a un degré éminent l'effet du Clair-Obscur.

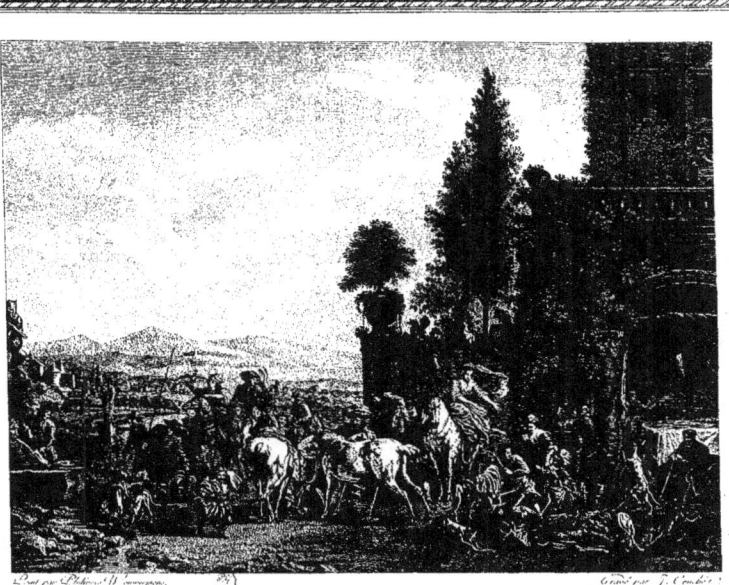

Peint par Philippe Wouwermens.   Gravé par G. Coubert.

LA CURÉE.

De la Galerie du Palais Égalité.

ÉCOLE HOLLANDOISE.

IIIᵉ TABLEAU DE PHILIPPES WOUWERMENS.

Peint sur Bois, ayant de hauteur 1 Pieds, sur 1 Pied 6 Pouces de large.

Ce charmant Tableau est une de ces Compositions riches et ingénieuses, où l'Artiste a déployé tout son talent pour rendre la scène du tissu de son Pinceau, se sont exprimés avec lequel il saisit les beaux mouvements et les faits de la Nature, répandant sur les objets principaux toute la vie, dont ils sont susceptibles, et rend intéressants les moindres et accessoires. Les figures, les Animaux, le Paysage, tout y est d'une étude approfondie et d'une expression spirituelle et facile.

Le sujet se présente sous l'aspect le plus Pittoresque et le plus attachant à la porte d'un Pavillon ou l'on est occupé à préparer un repas pour un retour de Chasse c'est le moment où les Chasseurs mettent pied a terre. Un Piqueur appelle au son du Cor, les Chiens à la Curée, une partie de la Meute qu'un Chapiteau accèle à saisir sa proie les Chiens assouvissent, l'un des plus pressé de la soif accourt se désaltérer à une fontaine. Un Épagneul de sentiment donne un intérêt particulier a cette fête c'est une jeune femme qui de retour de la Chasse et descendu son Cheval tend les bras à son Enfant qui s'élance vers elle, conduit par sa Bonne servante. Le Chef de famille assis à la porte du Pavillon, se récrée du mouvement et de la joie commune qui règne autour de lui sur le Devant d'une terrasse sont plusieurs jeunes personnes, attirées par l'arrivée de leurs amis et par le Spectacle de la Curée. C'est un des bons Tableaux de Wouwermens, et de la plus belle conservation.

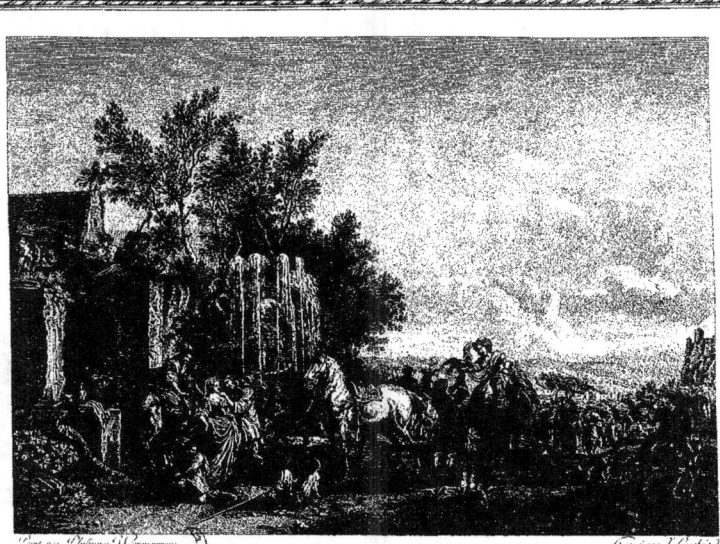

Peint par Philippes Wouwermens.   Gravé par J. Couché.

LA CHASSE AU VOL.
De la Galerie du Palais d'Orléans.

ÉCOLE HOLLANDOISE.

IV.ᵐᵉ TABLEAU DE PHILIPPES WOUWERMENS.

Peint sur Bois, ayant de hauteur 1 Pied 6 Pouces, sur 2 Pieds de Largeur.

Les Tableaux de Wouwermens qui font aujourd'hui l'admiration des connoisseurs, n'eurent pas d'abord un grand succès parmi les Hollandois. Cet artiste ne put se défaire de ses Ouvrages qu'en les vendant à vil prix à des marchands, qui les portoient dans les pays étrangers. De Witte entre autres lui acheta au plus bas prix tout ce qu'il avoit de Tableaux. Bamboche, qui jouissoit alors de la plus grande réputation, mais dont l'humeur difficile rebutoit les marchands, fit en faveur de Wouwermens ce qu'il auroit dû faire son mortel, en s'étant abstiné à vendre un de ses Tableaux à de Witte le Prix de 250 Florins sans en vouloir rien rabattre ; de Witte piqué commanda le même sujet à Wouwermens qui réussit au point, que ce dernier, peu connu jusqu'alors, fut recherché et ses ouvrages enlevés aussitôt que finis.

On assure cependant que Wouwermens n'est jamais sorti de la ville de Harlem, et qu'il fut toujours obligé de Peindre pour subsister, pendant que bien d'autres, avec moins de talents, ont joui de leur gloire et des bienfaits de plusieurs Princes, mais il n'est pas le seul qui ait éprouvé cette injustice ; on ne lui a connu qu'un fils qui se fit Chartreux ; il a eu plusieurs Élèves parmi lesquels on distingue les deux frères, Pierre et Jean.

Pierre Wouwermens peignoit dans le goût de son frère, mais il ne l'a jamais égalé ; il dessinoit bien les Chevaux et la figure, sa Couleur est bonne et vigoureuse, quelques uns de ses Tableaux peuvent se confondre aux yeux des médiocres connoisseurs, avec ceux de la première manière de Philippes. Jean le plus jeune des trois, peignoit aussi le Paysage, sa Couleur et sa touche sont fort bonnes, il mourut jeune en 1666, deux ans avant son aîné.

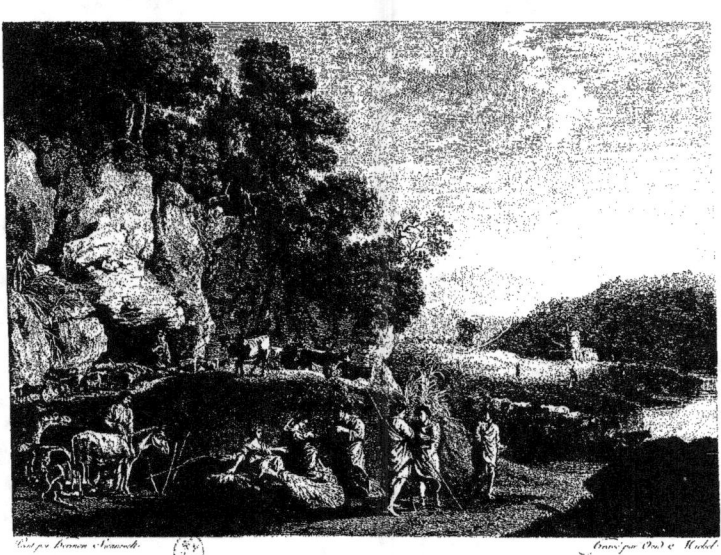

Peint par Herman Swanevelt.   LES BERGERS.   Gravé par Ged. e Michel.

De la Galerie du Palais d'Orléans.
ÉCOLE HOLLANDOISE.

TABLEAU D'HERMAN SWANEVELT.

Peint sur Cuivre, ayant de hauteur 1 Pied 1 Pouce sur 1 Pied 3 Pouces de large.

On ne sait en quelle Ville Herman Swanevelt prit naissance, ni en l'on ne sait pas plus quelle étoit sa famille: les Hollandais qui ont écrit la vie des Peintres de leur pays, n'ont point parlé de cet Artiste. Corneille de Bie, écrivain flamand, fait un grand éloge de ce Peintre; mais il ne nous en apprend rien de particulier. On croit qu'il eut pour Maître Gerard Douw; ce qui est certain, c'est qu'il alla fort jeune à Rome: il y trouva beaucoup de jeunes gens de son pays qui étudioient sous lui la Peinture. Au lieu de les rechercher pour perdre son temps avec eux, il les évitoit, et ils ne purent le voir que le crayon à la main, et dessinant des Vues ou des Ruines autour de Rome. Cette vie farouche et retirée lui fit donner le nom d'Hermite, et ses Talents, celui d'Herman d'Italie.

Swanevelt étoit frappé de la beauté des Ouvrages de Claude le Lorrain; il le choisit pour son modèle, et il devint son Élève. Les études et les réflexions qu'il avoit faites et qu'il faisoit continuellement d'après nature, aidé et souvent accompagné de son Maître, le mirent en grande réputation: et puis dans les Ouvrages de Claude le Lorrain cette fraîcheur et cette touche précieuse qui est dans la nature et dans les Tableaux de ce grand Peintre. Herman a gravé à l'Eau-forte avec distinction. Il mourut à Rome, on ne sait en quelle année.

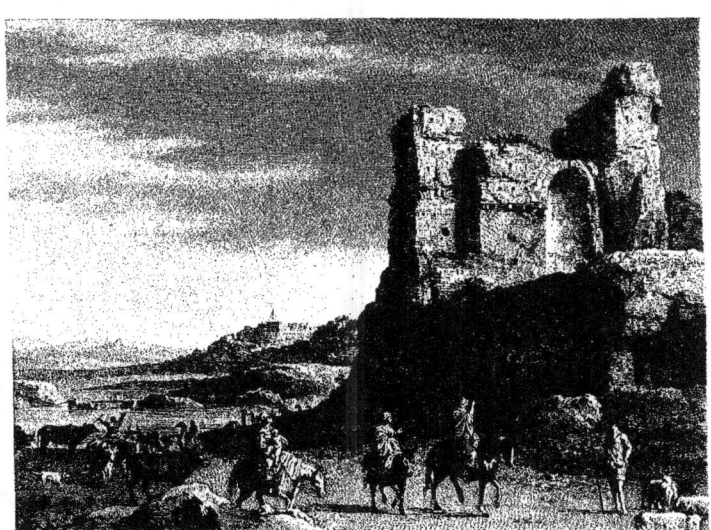

LES RUINES.
De la Galerie de S.A.S. Monseigneur le Duc d'Orléans.

ÉCOLE HOLLANDOISE.

TABLEAU DE BARTHOLOMÉ BRÉENBERG.

Peint sur Cuivre, ayant de hauteur 10 Pouces, sur 1 Pied 2 Pouces de large.

Monseigneur le Duc d'Orléans, possède quatre Tableaux de ce Maître.

Ce Tableau est charmant par l'effet et le pittoresque de la composition. On y voit les vestiges d'un ancien Monument très élevé qui produit de belles masses de lumière et d'ombre. Des figures et des animaux enrichissent les premiers plans, et le lointain est agréablement entrecoupé par des eaux et des côteaux qui terminent l'horizon. La finesse de la touche et la transparence du coloris qui caractérisent les Ouvrages du meilleur tems de *Bartholomé* se trouvent ici réunies, et rendent ce Tableau précieux.

Bartholomé Bréenberg naquit à Utrecht vers l'an 1620. Il alla en Italie, et le séjour qu'il y fit lui devint extrêmement utile par les Dessins qu'il traça des magnifiques Vues et des belles fabriques, qu'il transporta ensuite si heureusement dans ses Paysages. Comme il connaissait son talent, il n'a pour l'ordinaire composé que de petits Tableaux. Il réussissait également dans les animaux et dans les figures, dont on ne peut assez admirer l'élégance et la délicatesse. On ne diroit jamais que certains de ses Ouvrages fussent sortis de la même main qui en a produit d'autres si charmans. Les premiers sont d'une manière noire et désagréable, par l'emploi de mauvaises couleurs; les autres sont d'une manière brillante et gracieuse.

Cet Artiste mourut en 1660, à l'âge d'environ 40 ans.

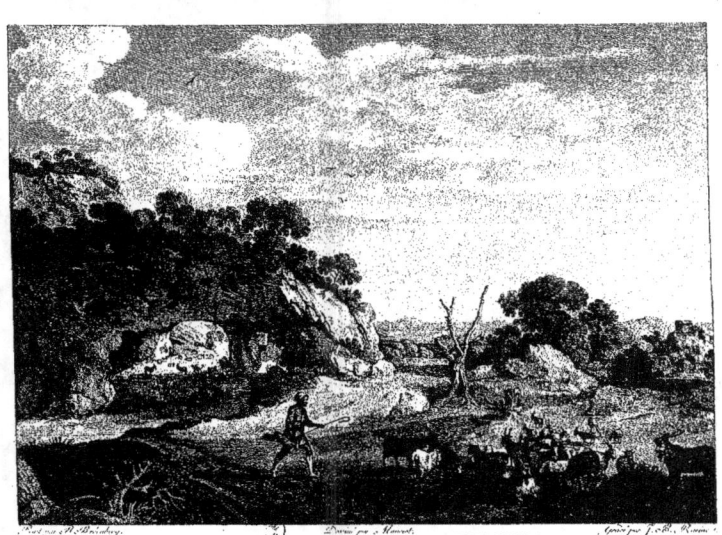

Peint par B. Breenberg.   Dessiné par J. Monnet.   Gravé par J.-B. Racine.

LES BERGERS.

De la Galerie de S. A. S. Monseigneur Le Duc d'Orléans.

ÉCOLE HOLLANDOISE.

II.ᵉ TABLEAU DE BARTHOLOMÉ BREENBERG.

Peint sur Cuivre, ayant de hauteur 11 Pouces, sur 1 Pied 5 Pouces de large.

 Ce Paysage est charmant, il présente en même tems le Site le plus Pittoresque et l'effet le plus séduisant ; quelle transparence de Couleur, quelle légereté et quelle finesse de Pinceau ! c'est sans contredit une des plus exquises productions de Bartholomé Breenberg.

 Sur le devant on voit des Bergers qui gardent des Moutons et des Chèvres. Plus loin l'Oeil se repose agréablement sous la voute d'un Rocher percé où semble regner une fraicheur délicieuse; on y apperçoit quelques figures et des animaux. Le sommet de ce Rocher est ombragé par des touffes d'Arbres qui forment un aspect des plus intéressant. Les Lointains offrent également des détails riches et agréablement variés. Le Ciel argentin et légerement fait répand sur ce Paysage le ton de gaieté et de fraicheur que l'on remarque dans la nature dans un jour serein.

 Ce Tableau est de la plus parfaite conservation.

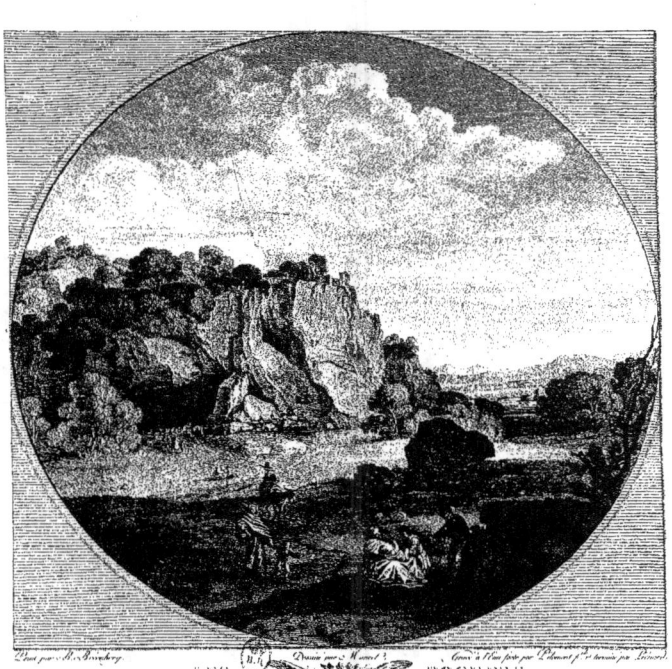

Peint par B. Breenberg.   Dessiné par Masnel.   Gravé à l'Eau forte par Clément f. et terminé par Liénard.

LES ROCHERS.

De la Galerie de S. A. S. Monseigneur le Duc d'Orléans.

ÉCOLE HOLLANDOISE.

IIIᵉ TABLEAU DE BARTHOLOMÉ BRÉENBERG.

Peint sur Cuivre, Rond de 8 Pouces de diamètre.

Ce Tableau, fait pour fixer l'attention des Amateurs, est d'un effet charmant et du fini le plus précieux. Le Site en est des plus intéressans. On voit une masse de Rochers couronnée d'Arbres, qui domine sur un Horizon immense, et qui offre des plans très variés. Quelques groupes d'Arbres enrichissent les Plaines des environs; et l'œil se repose agréablement sur le devant où l'on voit des figures bien groupées et touchées avec Esprit. Un troupeau de Moutons s'achemine vers le Rocher qui offre un abri creusé par la Nature.

Le ton clair et transparent du Ciel et de toutes les parties qui reçoivent la Lumière, fait un beau contraste avec le premier Plan qui est d'un ton chaud et soutenu. Ce Tableau est de la plus belle conservation, et tient un rang distingué parmi les Chefs-d'Œuvres de Bartolomé Bréenberg.

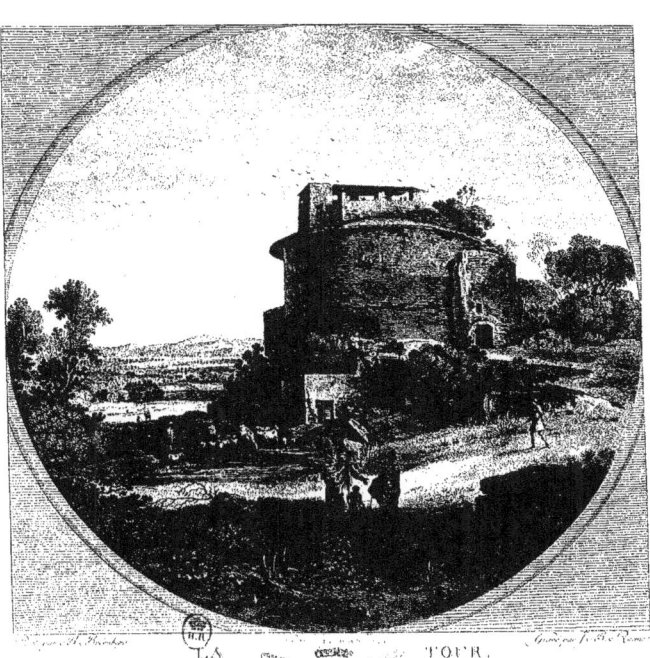

LA TOUR.

De la Galerie du Palais Égalité.

ÉCOLE HOLLANDOISE.

IX.ᵉ TABLEAU DE BARTHOLOMÉ BRÉENBERG.

Peint sur Cuivre, Rond de 8 Pouces de Diamètre.

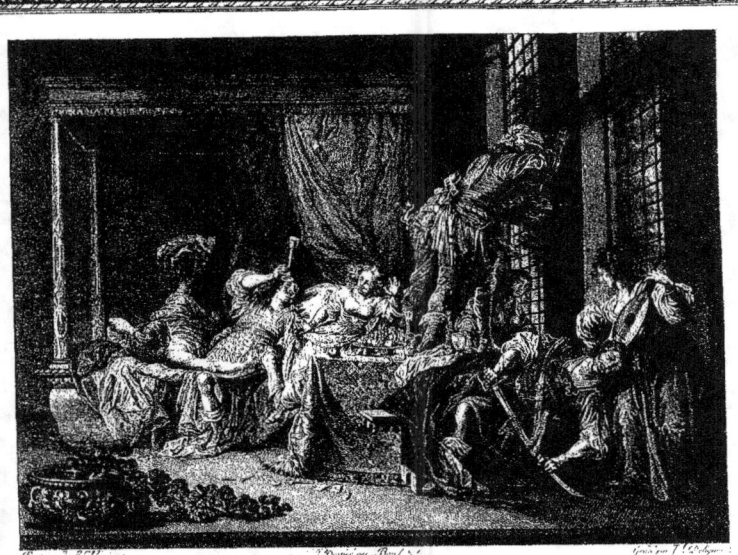

LA GAIETÉ BACHIQUE.

De la Galerie de S. A. S. Monseigneur Le Duc d'Orléans.

ÉCOLE HOLLANDOISE.

TABLEAU DE JEAN-BAPTISTE WÉENINX.

Peint sur Bois, ayant de hauteur 1 Pied 9 Pouces, sur 2 Pieds 3 Pouces de large.

Monseigneur le Duc d'Orléans ne possède qu'un Tableau de ce Maître.

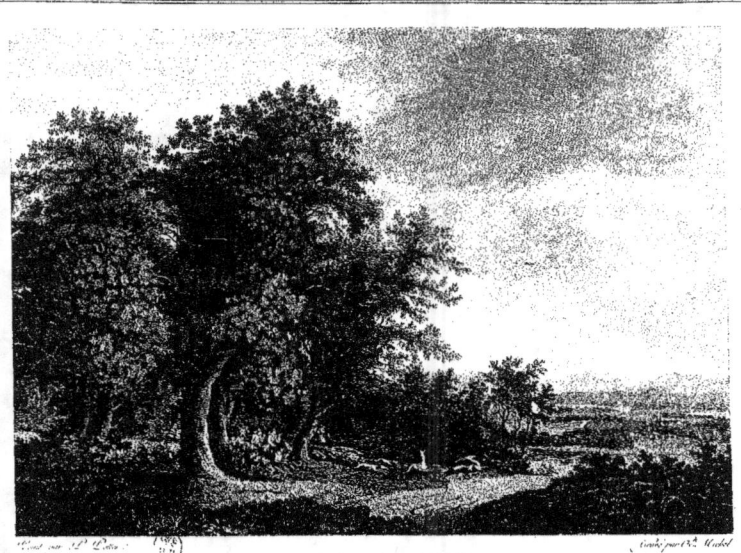

Peint par P. Potter. Gravé par Ch. Michel.

CHASSE AU CERF.
De la Galerie du Palais d'Orléans.
ÉCOLE HOLLANDOISE.

TABLEAU DE PAUL POTTER,

Peint sur Toile, ayant de hauteur 2 Pieds 8 Pouces, sur 3 Pieds 2 Pouces de large.

Paul Potter naquit en 1625 dans la ville d'Enkhuisen, de Pierre Potter, Peintre médiocre qui fut établir à Amsterdam, où il acquit le droit de Bourgeoisie le 14 Octob. 1628 et où il est mort en 1652.

Le jeune Potter n'eut d'autre Maître que son père qu'il surpassa dès qu'il eut appris les premiers principes de son Art; il fit un prodige dont il n'y a peut-être point d'exemple; il fut, dès l'Age de 15 Ans, un Maître habile. Ses Ouvrages même de ce tems-là figurent au milieu de ceux des plus grands Peintres.

Ayant quitté son père, il fut demeurer à la Haye et prit un logement à côté de celui de l'Architecte Nicolas Belkemende avec lequel il se lia d'amitié et qui lui donna sa fille en 1650. Quelques chagrins le déterminèrent à répondre aux vives instances de Mr. Tulp, Bourguemestre d'Amsterdam.

Il quitta la Haye et fut demeurer en 1652 dans cette grande ville. Son application continuelle altéra sa santé. Il mourut d'une maladie de langueur, en Janvier 1654.

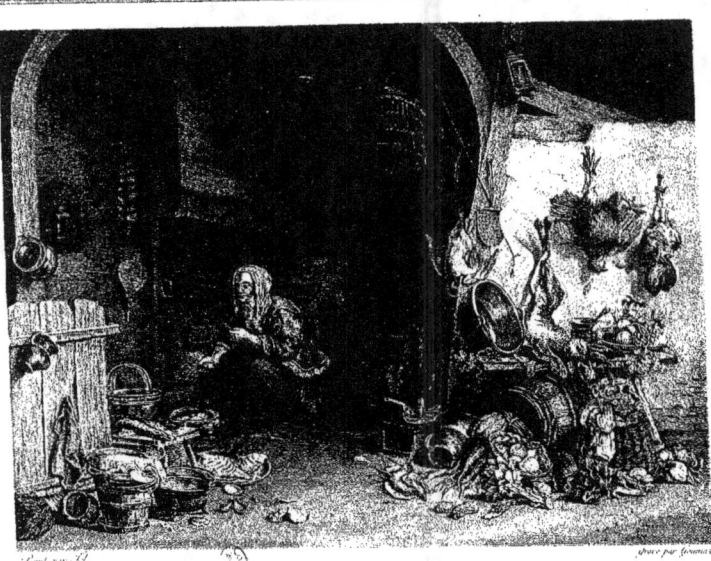

LA CUISINIÈRE.
De la Galerie du Palais d'Orléans.

ÉCOLE HOLLANDOISE.

TABLEAU DE TOL.

Peint sur bois, hauteur 1 pied 6 pouces, largeur 2 pieds 1 pouce.

Les ouvrages de cet artiste, quoiqu'assez rares, sont cependant mieux connus que sa personne. Il fut à ce qu'on présume, élève de Gérard Douw dont il partagea le goût pour le choix des sujets, en s'écartant toutefois de son maître pour la manière de les traiter. Le faire de l'un est large et pâteux, celui de l'autre est précieux et poli jusques dans les moindres détails. Malgré ces différences, on a du confondre assez fréquemment leurs productions. Disons même que Van Tol qui a montré une si grande intelligence à rendre avec vérité tous les objets que la nature peut offrir, eut vraisemblablement vu sa réputation s'accroître, s'il eut joint à cette parfaite imitation un choix de sujets plus intéressans.

On ignore les particularités de sa vie et le lieu de sa naissance.

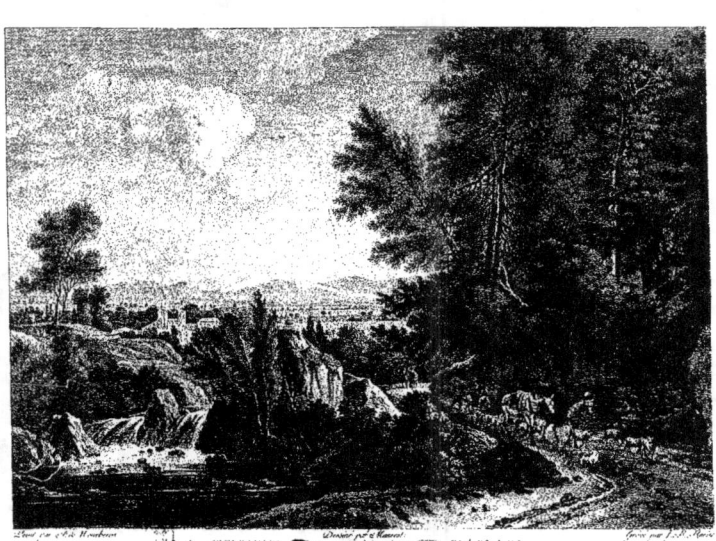

LA CHUTE D'EAU.
De la Galerie de S. A. S. Monseigneur le Duc d'Orléans.

ÉCOLE HOLLANDOISE.

TABLEAU DE FRÉDÉRIC DE MOUCHERON.

Peint sur Toile, ayant de hauteur 1 Pied 9 Pouces, sur 2 Pieds 9 Pouces de large.

Monseigneur le Duc d'Orléans ne possède que ce seul Tableau de ce Maître.

Frédéric de Moucheron a porté l'étude du Paysage au plus haut degré de finesse et d'exactitude. On reconnoît dans ce Tableau une touche fine et suivie qui caractérise à merveilles la nature des Rochers et des Plantes; le Coloris en est frais et vigoureux, et toutes les parties concourent à le rendre très harmonieux.

Cet excellent Paysagiste employoit des mains plus habiles que les siennes pour exécuter ses Tableaux de figures et d'animaux, et celles que l'on voit ici sont incontestablement d'Adrien Van Velde qui lui rendoit ce service en Hollande. La touche en est fine, spirituelle et facile, et répand un double intérêt sur ce charmant Tableau. Dans les Paysages que Moucheron peignit à Paris, on y voit des figures de la main d'Helmbreker.

Moucheron né à Embden en 1633 marqua la plus vive inclination pour la Peinture, et ne trouva heureusement nul obstacle du côté de sa famille; il fut placé chez Asselin, cet habile Paysagiste pour abréger la route de l'instruction, lui parla raison et le traita dès-lors comme un bon Peintre déja formé. Asselin entretenoit ses élèves du goût de la nation françoise, du nombre d'habiles gens qu'elle produisoit, et de l'agrément qu'il avoit eu pendant le séjour qu'il avoit fait à Paris. Moucheron se sentit la plus grande envie d'aller dans un pays dont son Maître lui avoit fait de si grands éloges. Il partit pour Paris, où il se perfectionna dans son Art, en fréquentant les Artistes, en voyant les Tableaux, et sur tout en étudiant la Nature. Le désir de revoir son pays l'emporta sur les agréments de la France et Amsterdam eut la préférence sur Paris. Il mourut dans la première de ces Villes en 1686, âgé de 53 ans.

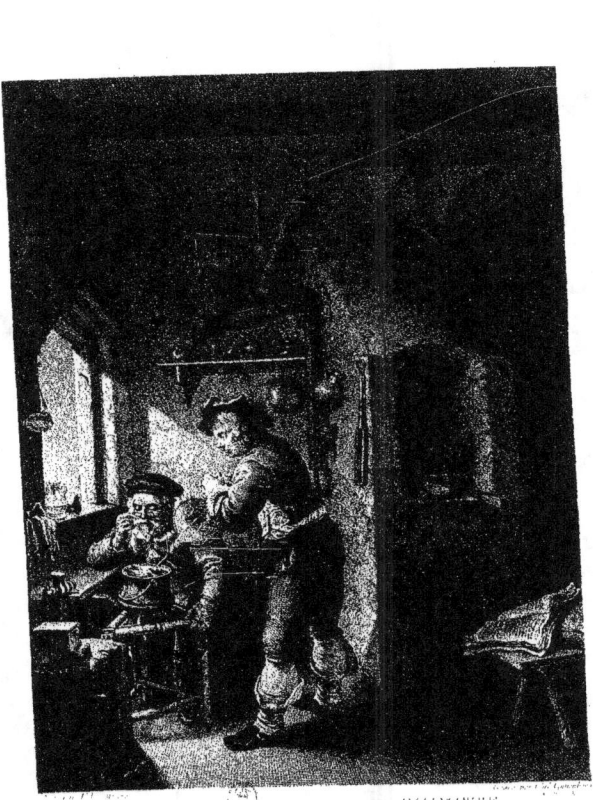

LE CHIMISTE.

De la Galerie de S. A. S. Monseigneur le Duc d'Orléans.

ÉCOLE HOLLANDOISE.

1.er TABLEAU DE FRANÇOIS MIERIS.

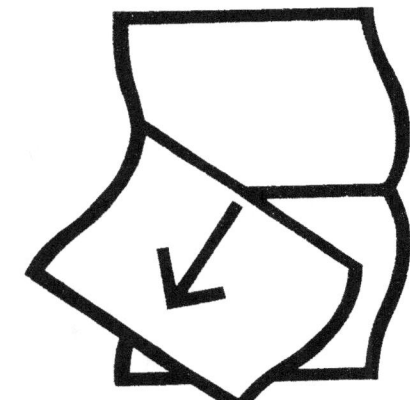

Documents manquants (pages, cahiers...)

NF Z 43-120-13

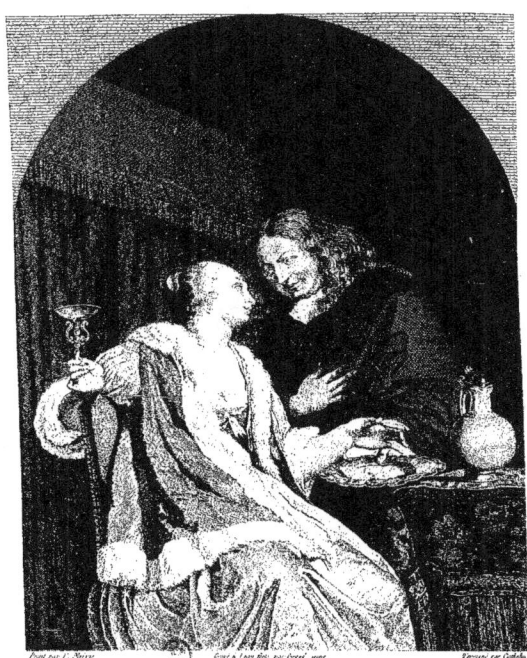

Peint par F. Mieris. Gravé à l'eau forte par Borel, jeune. Terminé par Catheler.

UNE JEUNE FEMME QUI MANGE DES HUITRES.

De la Galerie du Palais d'Orléans.

ÉCOLE HOLLANDAISE.

III.ᵉ TABLEAU DE FRANÇOIS MIÉRIS.

Peint sur bois, hauteur 10 pouces et ½, largeur 7 pouces et ½.

Cette jeune femme reçoit avec complaisance les huîtres qu'un homme galant lui présente, la gaieté qu'elle annonce et les propos qui lui sont adressés. Assise entre la table et lui, elle tient à la main une coupe de crystal dont la transparence décèle la liqueur qu'elle contient. L'on a trouvé de la ressemblance dans les traits de ce courtisan joyeux et ceux du portrait de Mieris; elle n'est pas bien frappante, mais elle fait présumer que l'artiste a pu se servir de modèle à lui-même.

Plusieurs Mieris se sont fait un nom dans la peinture, après François qui est le plus estimé l'on cite Guillaume son fils. M.ʳ le Brun prétend que c'est à ce dernier qu'il faut attribuer le Tableau des Bacchantes dont l'estampe est placée dans cette collection sous le N.ᵒ précédent; il affirme que Mieris le vieux n'a jamais peint de figures nues.

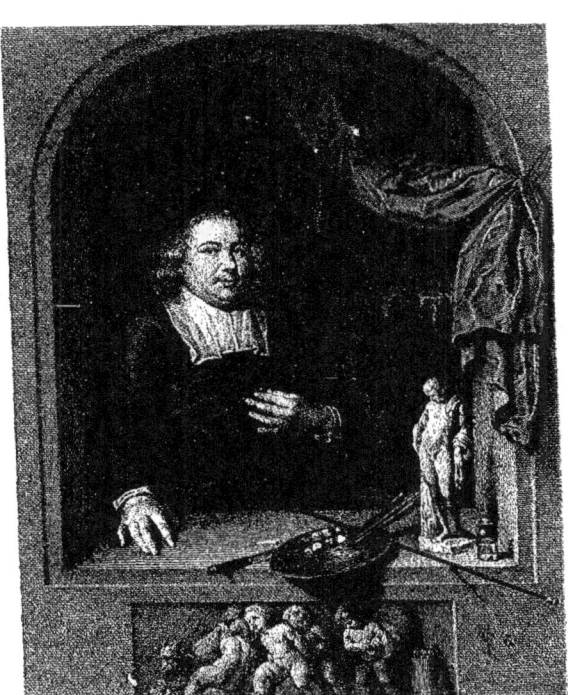

PORTRAIT DE GASPARD NETSCHER.
De la Galerie de S. A. S. Monseigneur le Duc d'Orléans

ÉCOLE HOLLANDOISE.

1.er TABLEAU DE GASPARD NETSCHER.

Peint sur Bois, ayant de hauteur 1 Pied 4 Pouces, sur 1 Pied de large.

Monseigneur Le Duc d'Orléans possède six Tableaux de ce Maître.

Ce Tableau où l'Auteur s'est représenté lui même avec les accessoires qui caractérisent son Art, est d'une beauté parfaite.
La couleur en est harmonieuse, l'effet ferme et vigoureux, et le dessin correct: tout y est étudié précisément et sans sécheresse, et
l'on peut regarder ce Portrait comme un des plus beaux qui soient sortis des mains de Gaspard Netscher.
Ce Peintre naquit à Prague, capitale de la Bohème en 1636, et mourut à la Haye en 1684, âgé de 48 Ans.

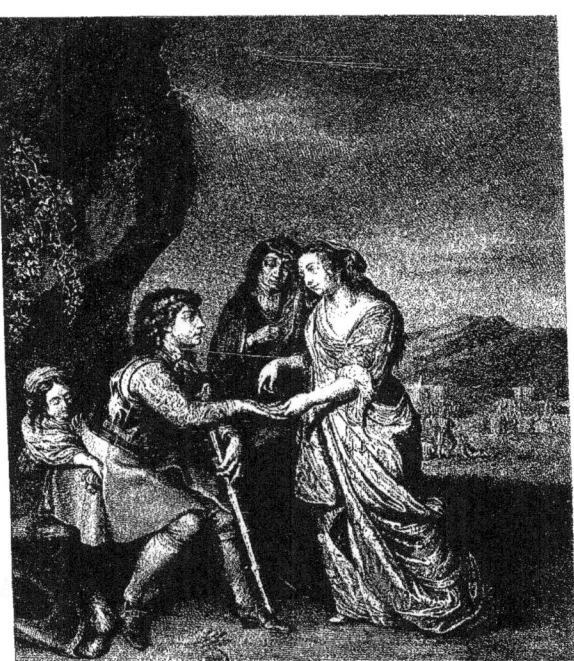

LES BOHÉMIENNES.
De la Galerie de S.A.S. Monseigneur le Duc d'Orléans.

ÉCOLE HOLLANDOISE.

TABLEAU DE GASPARD NETSCHER.

Peint sur Toile, ayant de hauteur 1 Pied 10 Pouces, sur 1 Pied 6 Pouces de large.

Ce sujet est composé de quatre figures, parmi lesquelles on distingue d'abord deux Bohémiennes, dont l'une richement vêtue, regarde dans la main d'un jeune Officier, et lui prédit qu'il est menacé de faire une perte. Dans l'instant où il fixe cette femme, un enfant lui dérobe par derrière sa bourse. On voit dans le lointain quelques Bataillons de Soldats, et l'horizon est terminé par des Montagnes.

Le Tableau offre un effet vigoureux, une touche moelleuse, une grande vérité des draperies et des étoffes. On y reconnoit partout la supériorité de Netscher dans l'imitation scrupuleuse de la Nature.

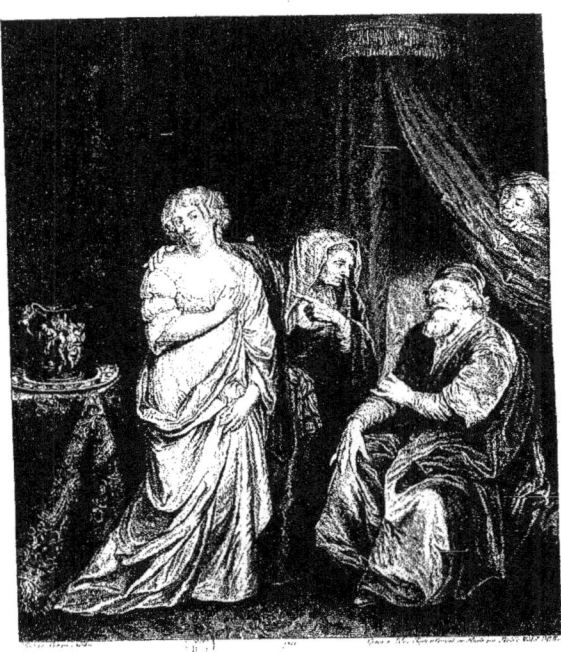

AGAR.

De la Galerie du Palais d'Orléans.

ECOLE HOLLANDOISE.

III.ᵉ TABLEAU DE GASPARD NETSCHER.

Peint sur Toile, ayant de hauteur 1 Pied 10 Pouces, sur 1 Pied 6 Pouces de large.

Ce Tableau est connu dans le Catalogue de ceux de la Galerie du Palais d'Orléans, sous le titre d'Agar présentée à Abraham. La richesse de l'habillement de la jeune femme et le jeune homme qui est derrière le Vieillard, indiqueroient cependant un autre sujet. Quoi qu'il en soit la correction du Dessin, la finesse de l'expression, la beauté et la vérité des draperies font regarder ce Tableau comme un des plus beaux qui soit sorti des mains de Gaspard Netscher.

Quoique ce Peintre peignît ordinairement en petit, il a fait quelques Portraits en grand, qui ne sont pas sans mérites, mais ils sont inférieurs à ceux d'une moindre grandeur.

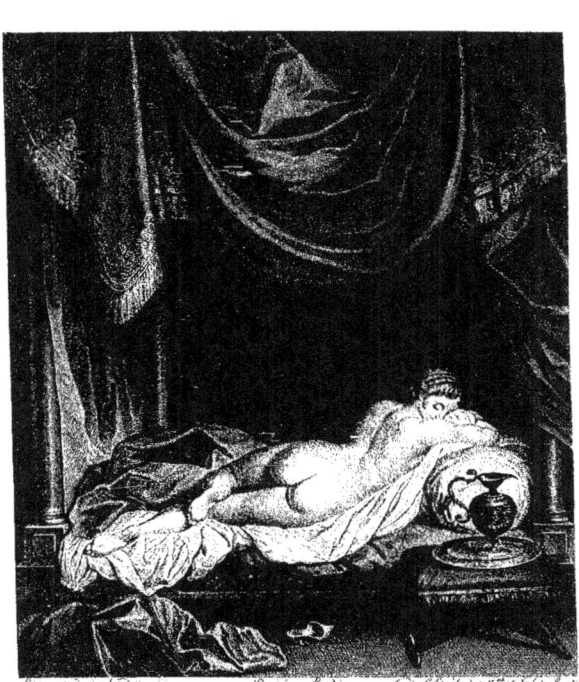

LE REPOS.
De la Galerie de S.A.S. Monseigneur le Duc d'Orléans.

ÉCOLE HOLLANDOISE.

IV.ᵉ TABLEAU DE GASPARD NETSCHER.

Peint sur Toile, ayant de hauteur 2 Pieds 2 Pouces 6 Lignes, sur 1 Pied 9 Pouces de large.

Ce charmant Tableau fixe l'attention des Connoisseurs par l'excellence de l'exécution et par cette belle simplicité où la Nature seule semble avoir fait tous les frais de la Composition. On admire ici avec quelle intelligence l'Artiste a su rehausser les graces de son sujet par un fini précieux et un beau ton de Couleur. La Touche spirituelle et facile rend intéressans jusques aux moindres accessoires de ce Tableau dont l'effet est harmonieux et piquant.

La figure qui est d'un Dessin élégant et assez pur, fait voir que Netscher n'étoit pas seulement borné au genre de Portrait, où l'on sçait qu'il excelloit et principalement dans les figures drappées.

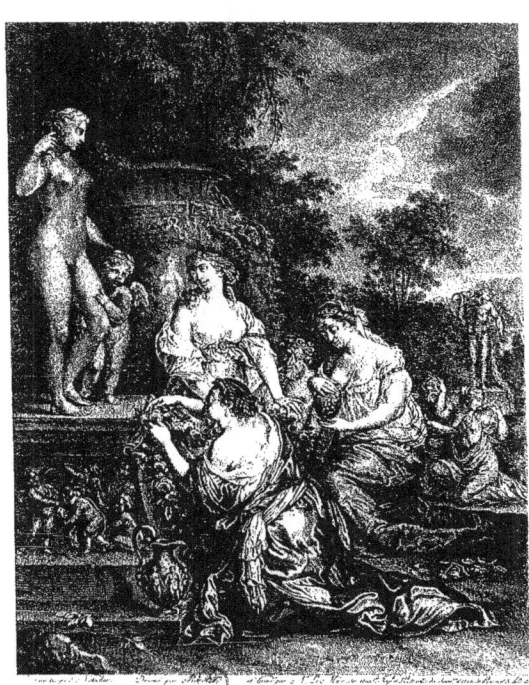

OFFRANDE A VENUS.
De la Galerie de S.A.S. Monseigneur le Duc d'Orléans.

ECOLE HOLLANDOISE.

Ve TABLEAU DE GASPARD NETSCHER.

Peint sur Toile, ayant de hauteur 1 Pied 6 Pouces, sur 1 Pied 2 Pouces de Large.

Ce Tableau sur lequel Netscher a voulu donner l'essor à son génie, est des plus agréables; l'Ordonnance en est riche, et l'effet est d'une jonchure de ton admirable. On ne reconnoit dans toutes les parties, l'étude la plus scrupuleuse, et ce fini doux, suave et moëlleux qui distingue le Pinceau de ce Maître.

Le Sujet est une Offrande à Venus. La Statue de cette Déesse et celle de l'Amour sont debout posées sur un Piédestal que deux femmes ornent de guirlandes. Une troisième tient un Vase de Metal qu'elle vient d'offrir. On voit aussi dans l'éloignement deux Satyres, dont un surprend une jeune Nymphe qui paroît le repousser. Le fond est un Paysage.

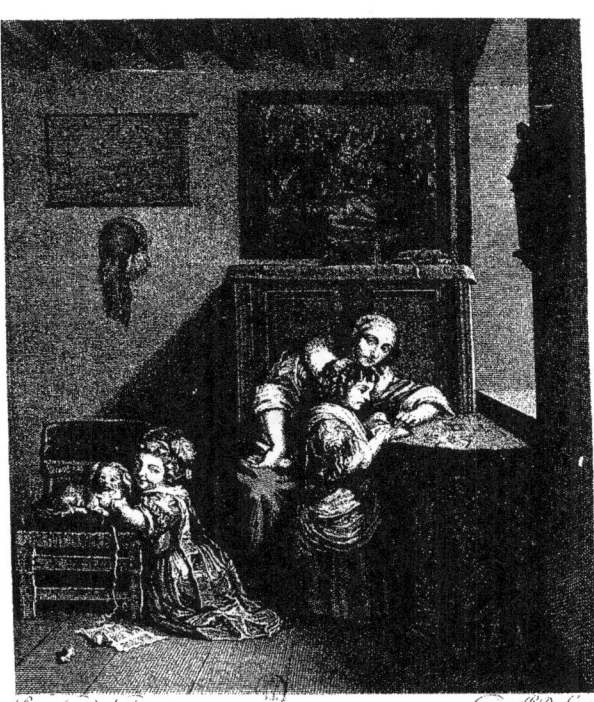

Peint par Gaspard Netscher.   Gravé par M.R.D. Lignon.

LA MAÎTRESSE D'ÉCOLE.
De la Galerie du Palais d'Orléans
ÉCOLE HOLLANDOISE.

VIe TABLEAU DE GASPARD NETSCHER.

Peint sur Bois, ayant de hauteur 1 Pied 4 Pouces, sur 1 Pied 1 Pouce de large.

Les Ouvrages de Gaspard Netscher sont extrêmement recherchés, on y admire le fini le plus précieux, l'harmonie et la suavité du Coloris, une grande vérité dans l'imitation des Étoffes et des Tapis de Tables; un Dessin spirituel et la délicatesse du Pinceau. Tel est le mérite reconnu du Tableau représenté ici, où l'on voit une jeune femme qui montre à lire à sa petite fille. L'Enfant paroit embarassé de nommer ses Lettres; la Mère détourne sa vue de dessus le Livret et attend avec une douce complaisance que la petite ait prononcé. Un autre Enfant accroupi près d'une Chaise caresse un petit Chien. Il y a beaucoup de graces et d'expressions dans les trois Têtes qui paroissent être des Portraits. Les Étoffes des figures et tous les accessoires de ce charmant sujet sont rendus avec toute l'intelligence et la finesse qui distinguent les meilleures productions de ce Maître.

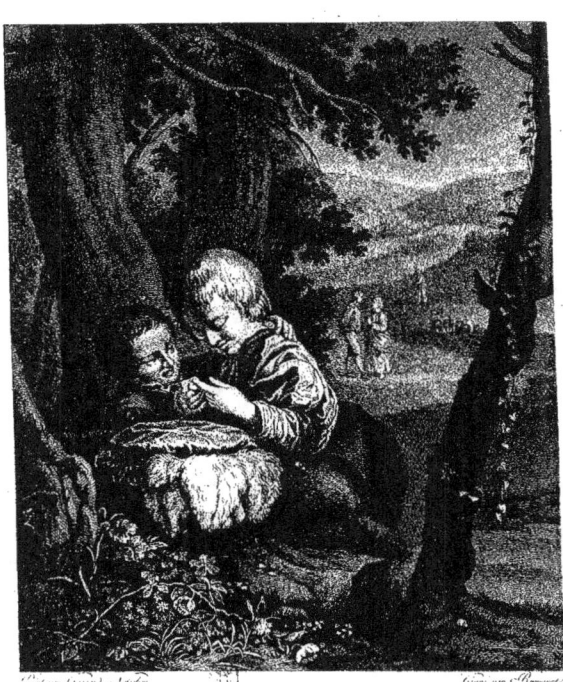

L'OISEAU.
De la Galerie du Palais d'Orléans
ÉCOLE HOLLANDOISE.

VII.ᵉ TABLEAU DE GASPARD NETSCHER.

Peint sur Bois, ayant de hauteur 9 Pouces 6 Lignes, sur 7 Pouces de large.

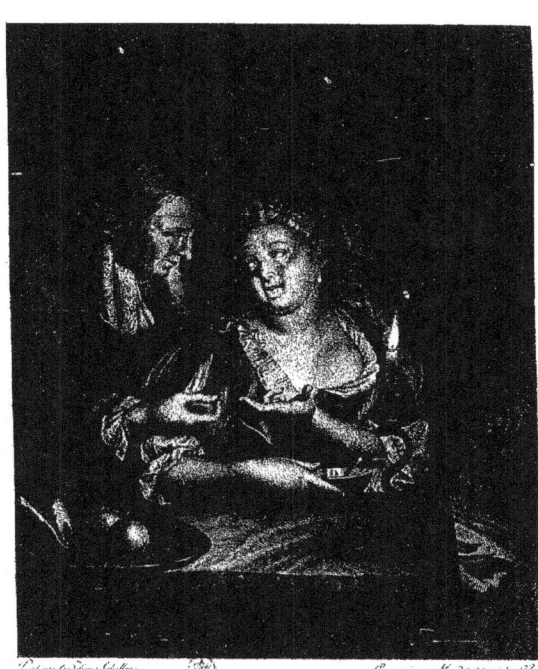

LA BAGUE.

De la Galerie du Palais d'Orléans.

ÉCOLE HOLLANDOISE.

1.ᴱᴿ TABLEAU DE GODEFROY SCHALKEN.

Peint sur Bois, ayant de hauteur 15 Pouces, sur 11 Pouces de Large.

Deux Tableaux de ce Maître font partie de cette Collection.

Godefroy Schalken naquit à Dort en 1643; son père y étoit Recteur du Collège, et enseignoit à son fils la langue latine. Le jeune Schalken étoit déjà bien avancé dans cette étude, lors qu'il quitta les Lettres pour la Peinture dans laquelle il fit des progrès rapides en suivant les leçons de Gérard Douw, et en imitant les ouvrages de Rembrant.

Le premier mérite des ouvrages de Schalken consiste dans le beau fini et dans une exactitude singulière à imiter la Nature, jusques dans ses plus petits détails. Sa Couleur est dorée et assez vraie. Il a regardé les effets de la lumière et des ombres comme l'objet principal du Peintre. La plupart de ses Tableaux représentent la nuit.

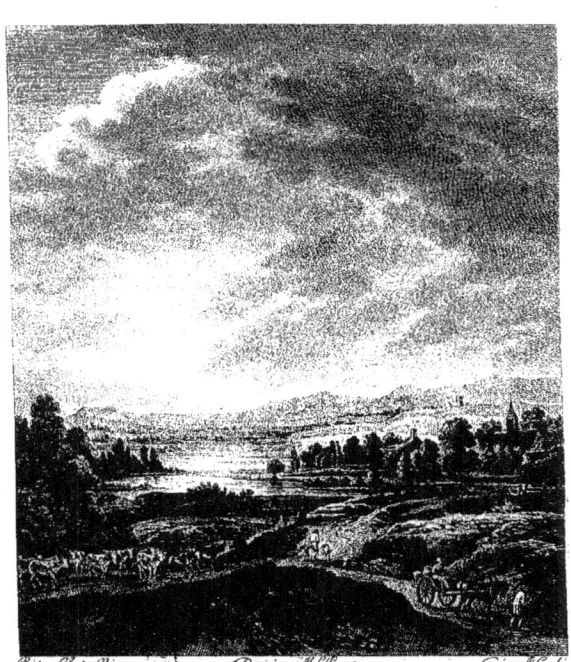

Peint par Vander Neer.   Dessiné par C. P. Lévart.   Gravé par J. Couché.

RETOUR DES BESTIAUX.
De la Galerie de S. A. S. Monseigneur Le Duc d'Orléans.
A. P. D. R.

ÉCOLE HOLLANDOISE.

TABLEAU DE VANDER NÉER.

Peint sur Toile, ayant de hauteur 23 Pouces 4 Lignes, sur 22 Pouces 6 Lignes de large.

On ne voit qu'un Tableau de ce Maître au Palais Royal.

L'Effet de ce Tableau indique le Soleil Couchant; il représente une riche étendue de Pays arrosé par une Rivière. L'on voit des Bestiaux qui reviennent au Village, sur le chemin qui est en avant on voit une femme assise dans une Charette, et un homme qui la conduit. Tous ces objets sont d'une grande finesse de Dessin et d'un ton de Couleur harmonieux.

Vander Néer naquit à Amsterdam en 1643. Il voyagea en France et en Allemagne où il laissa des Ouvrages qui lui acquirent la plus haute réputation. On a de lui des Tableaux dans tous les genres; des sujets d'Histoire et des Portraits; l'on remarque dans tous une étude scrupuleuse de la Nature jusques dans les moindres accessoires. Il a traité aussi des scènes de famille hollandoises qui approchent si fort de la manière de Terburg que l'on pourroit y être trompé. Ce Peintre fut le Maître du Chevalier Vanderwerf. Il mourut à Dusseldorp en 1703.

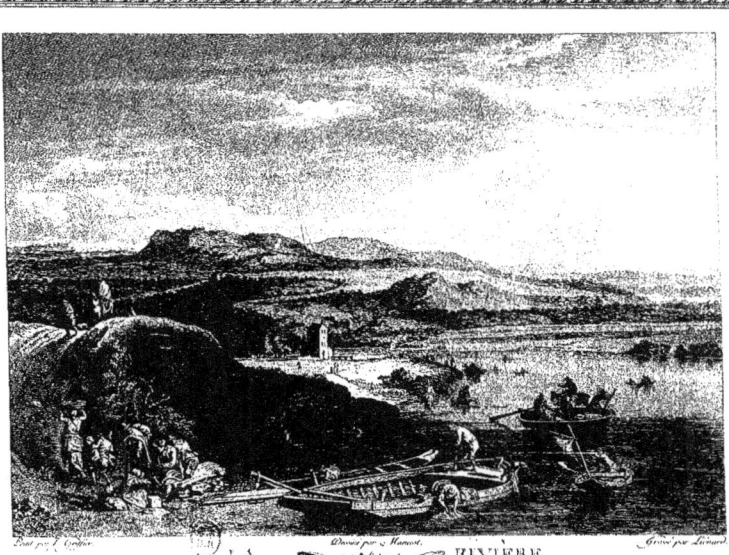

Peint par J. Griffier.   Dessiné par J. Marcot.   Gravé par Liénard.

LA RIVIÈRE.

De la Galerie de S. A. S. Monseigneur le Duc d'Orléans.

ÉCOLE HOLLANDOISE.

1.ᵉʳ TABLEAU DE JEAN GRIFFIER.

Peint sur Bois, ayant de hauteur 5 Pouces 6 Lignes, sur 6 Pouces 6 Lignes de large.

Monseigneur le Duc d'Orléans, possède deux Tableaux de ce Maître.

La Vue d'une Rivière dont les bords montagneux et couverts de Bois se perdent dans l'éloignement, offre un aspect des plus pittoresques. Des Bateaux, chargés de petites figures touchées avec beaucoup d'esprit et de légèreté, mettent du mouvement et de la richesse dans ce charmant Tableau qui peut être regardé comme un des plus beaux de ce Maître.

Jean Griffier naquit à Amsterdam en 1656. Il fut d'abord destiné à l'état de Charpentier; mais le hasard l'ayant introduit dans un attelier où l'on peignoit de la fayance, il y prit goût et y travailla à l'insçu de ses parents. Dédaignant bientôt un genre si borné, il entra chez Roland Roman, Paysagiste très estimé, où il fit des progrès rapides. La vue des Ouvrages de Lincelbach et Vanden Velde perfectionna son goût et lui fit céder le coloris triste et maussade de son Maître qu'il surpassa dans cette partie.

Son goût pour les Voyages lui fit quitter son Pays. Il passa à Londres où ses Tableaux étoient déjà connus et estimés, il s'y maria; mais par une suite de son caractère un peu bizarre il se détermina à acheter un petit Vaisseau qu'il fit distribuer pour loger sa famille, se reservant un attelier pour peindre. De cette manière il se stationnoit tantôt dans un endroit, tantôt dans un autre, peignant ou dessinant ce qu'à Amsterdam, Enkhuisen, Hoorn, Dort et leurs environs lui offroient de plus intéressant. Et après avoir parcouru les Ports et les vues de la Hollande pendant plusieurs années il retourna à Londres où il mourut.

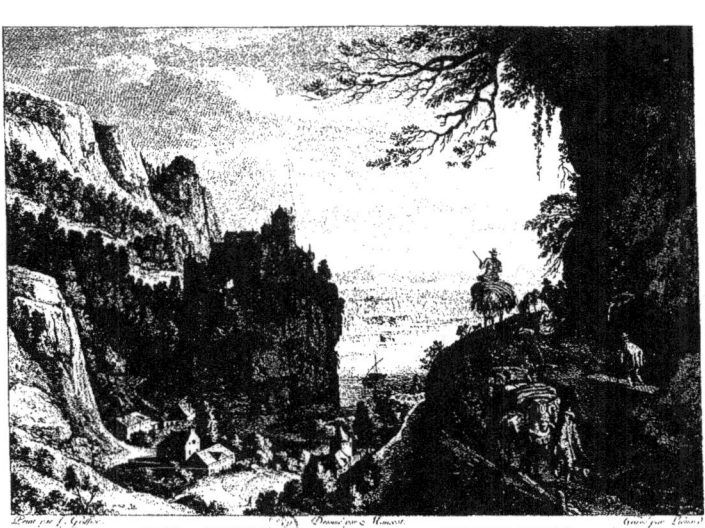

LES DEUX MONTAGNES.
De la Galerie de S. A. S. Monseigneur le Duc d'Orléans.

ÉCOLE HOLLANDOISE.

IIme TABLEAU DE JEAN GRIFFIER.

Peint sur Bois, ayant de hauteur 5 Pouces 6 Lignes, sur 6 Pouces 6 Lignes de large.

Le site de ce Tableau comme presque de tous ceux de ce Maître, est des plus Pittoresques. Le premier plan offre un chemin taillé dans la Montagne d'où l'on aperçoit une grande étendue de Pays. Plusieurs Voyageurs se reposent après l'avoir monté, d'autres le descendent avec leurs Mulets chargés de bagages. Le Chemin se continue sur l'autre Montagne qui fait le fond du Tableau, et qui est séparée de la première par une plaine enrichie de Maisons, d'Arbres et de petites figures. Une Rivière qui se perd derrière les Deux Montagnes achève de donner à cette Composition le plus grand intérêt.

Une grande légèreté de Pinceau, une Couleur excellente, et une grande intelligence de la Perspective aërienne rendent ce Tableau précieux, et lui donnent un rang distingué dans la magnifique Collection dont il fait partie.

Jean Griffier eut pour fils Robert Griffier qui naquit en Angleterre en 1688, et qui devint aussi habile que lui en la manière laquelle étoit à peu près celle de Herman Zachtleven: ce sont des vues du Rhin avec de jolies figures. Ses Tableaux sont répandus dans toute l'Europe et très recherchés. Il passa à Amsterdam où il fut fort employé.

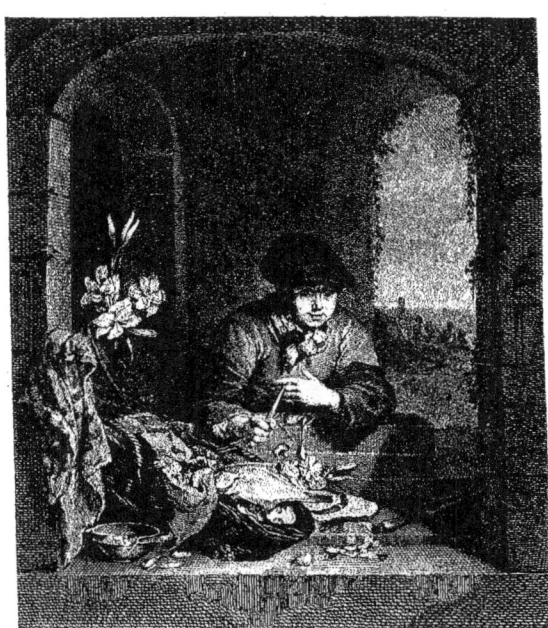

LA VENDEUSE DE MARÉE.

De la Galerie de S.A.S. Monseigneur le Duc d'Orléans.

ÉCOLE HOLLANDOISE.

TABLEAU D'ADRIEN VANDER WERF.

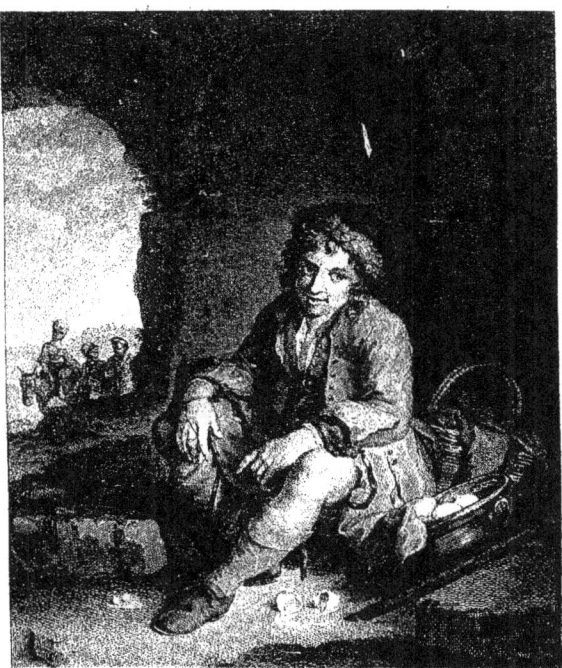

LE VENDEUR D'OEUFS.
De la Galerie de S. A. S. Monseigneur le Duc d'Orléans.

ÉCOLE HOLLANDOISE.

H. TABLEAU D'ADRIEN VANDER WERF.

Peint sur Bois, ayant de hauteur 9 Pouces 6 Lignes, sur — Pouce 6 Lignes de large.

Ce Tableau représente un jeune Garçon assis, qui paraît réfléchir sur la fragilité de ses Marchandises. On voit près de lui deux Œufs cassés, et dans le fond du Tableau plusieurs figures parmi lesquelles est une femme montée sur un âne. Ce Tableau est d'une touche large et moelleuse, et d'un effet vigoureux; il intéresse aussi par la beauté du fini.

A aucun artiste n'a vu payer ses Ouvrages, de son vivant, si un si haut prix. Vander Werf vendit en 1707 trois de ses Tableaux au Comte Czernin de Chudenitz, 10000 florins, argent d'Hollande.

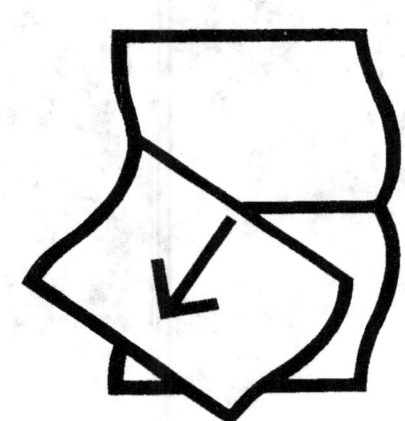

Documents manquants (pages, cahiers...)
NF Z 43-120-13

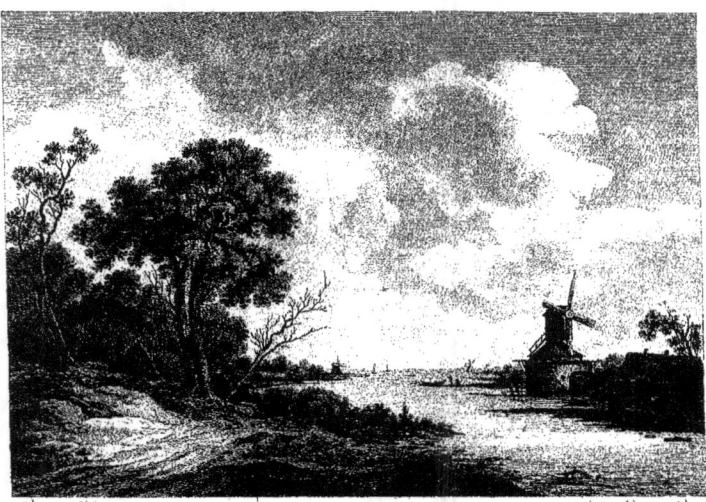

Peint par J. Wynants.   Gravé par Dossaits et Racine.

LE MOULIN.
De la Galerie du Palais d'Orléans.
ÉCOLE HOLLANDOISE.

TABLEAU DE J. WYNANTS.

Peint sur bois hauteur 1 pied 4 pouces largeur 2 pieds 2 pouces.

La verité du site que ce tableau représente, nous fait croire que c'est un véritable portrait d'après nature. La touche moelleuse et spirituelle qui y regne, détermine sa place au meilleur temps de ce maitre, dont la vie est peu connue; on sait seulement qu'il est né à Harlem, en 1600, que le jeu et la vie dissolue qu'il mena, l'empêcherent de porter aussi loin qu'on l'attendoit, le talent sublime qu'il avoit montré. On ignore l'époque de sa mort.

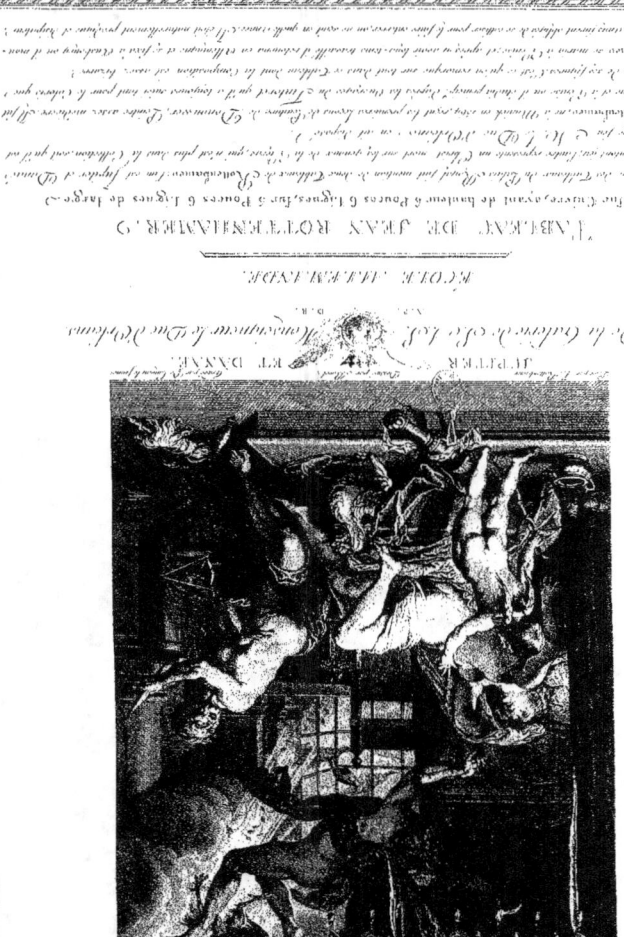

ÉCOLE FLAMANDE.

TABLEAU DE JEAN ROTTENHAMER.

Peint sur Cuivre, ayant de hauteur 6 Pouces 6 lignes, sur 5 Pouces 6 Lignes de large.

JUPITER ET DANAÉ.

De la Galerie de S.A.S. Monseigneur le Duc d'Orléans

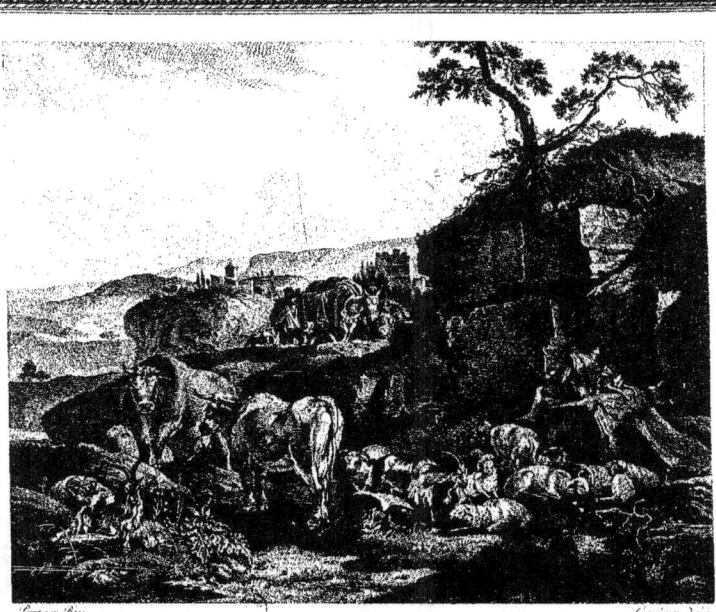

Peint par Roos.   Gravé par ...

LE PÂTRE.
De la Galerie du Palais d'Orléans.

ÉCOLE ALLEMANDE.

TABLEAU DE JEAN HENRI ROOS.

Peint sur toile, haut de 1 pied 6 pouces, sur 2 pieds de large.

Dans un paysage entrecoupé de collines, un pâtre assis sur une pierre, garde son troupeau. Plus loin sur une hauteur, un villageois conduit deux mulets chargés.

Ce tableau est d'un dessin correct, d'une exécution ferme, d'une couleur chaude et vigoureuse.

Jean Henri Roos naquit en 1631, à Atterbery dans le Palatinat. Il fut d'abord élève de Julien Dujardin, et ensuite d'Adrien de Bie. Son goût le portait à traiter le paysage, et quoiqu'il eut réussi dans le portrait, il se consacra uniquement au genre qu'il professait. Il s'établit à Francfort et acquit une fortune considérable. Il périt l'an 1685, en voulant soustraire quelques effets précieux aux flammes qui consumaient sa maison.

La plus grande partie des tableaux de cet artiste est en Allemagne. On le regarde comme un des bons peintres d'animaux quoiqu'on lui reproche d'avoir souvent affaibli l'intérêt de ses compositions, en y rassemblant un trop grand nombre d'objets.

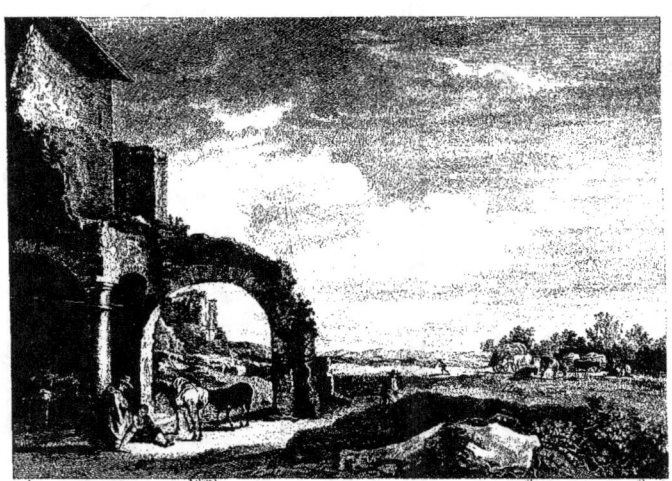

Peint par Vagner.   Gravé par Couché et Léonard.

LES VOYAGEURS.
De la Galerie du Palais d'Orléans.
ÉCOLE ALLEMANDE.

1ᵉʳ TABLEAU DE VAGNER.

Peint à la gouache de la même grandeur que l'estampe.

Si la nature offroit à nos regards une masure transformée en hôtellerie, des voyageurs isolés et dans l'inaction, quelques animaux paisibles, dont une partie sur un plan plus reculé, brouteroit l'herbe ou se reposeroit en attendant l'heure du départ, cette scène commune et journalière nous frapperoit peu et ne nous inviteroit guères à nous arrêter pour la considérer avec attention. Nous éprouvons une sensation bien différente, quand la peinture par un prestige inconcevable nous montre une imitation exacte d'objets aussi peu attrayans. Fondée sur la connoissance de ce principe qu'on ne peut contester, l'École Allemande s'est contentée souvent de copier assez servilement et sans choix tout ce qui s'offroit à sa vue. Certaine de plaire au plus grand nombre par l'expression des détails les plus minutieux, elle a fréquemment ignoré que l'art étant toujours au-dessous de la nature, il falloit pour rivaliser avec elle prendre ses avantages, écarter les minuties, ne s'attacher qu'au beau et imiter l'abeille qui dédaigne les fleurs sur lesquelles elle ne trouve pas de miel à recueillir.

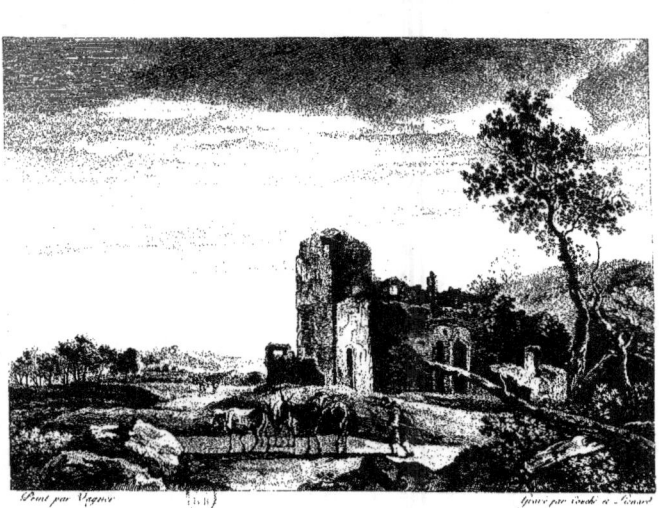

Peint par Vagner. Gravé par Coché et Ponant.

LES RUINES.
De la Galerie du Palais d'Orléans.
ECOLE ALLEMANDE.

1.er TABLEAU DE VAGNER.
Peint à la gouache de la même grandeur que l'estampe.

Jean George Vagner peintre et graveur, naquit à Dresde, fut élève de Dietrich et mourut jeune à Meissen en 1767.

Cet artiste a peint plus fréquemment à la gouache qu'à l'huile, et ses ouvrages sont recherchés. Ses sites ont peu d'étendue, ses ciels ont souvent de la légèreté et teignent harmonieusement de leurs reflets les lointains, ses arbres sont touchés avec finesse, enfin les figures et les animaux dont il orne ses tableaux sont indiqués avec esprit. On le voit employer assez souvent la mesure qui assuje le second plan de ce paysage. Il est brun en saveur les formes et les accessoires, ces épaisseurs n'empêchent pas de le reconnaître, ce qui nous fait supposer qu'il en avoit étudié avec plaisir le modèle dans la nature.

M.r Mhanet et d'autres artistes habiles ont gravé d'après ce Maître.

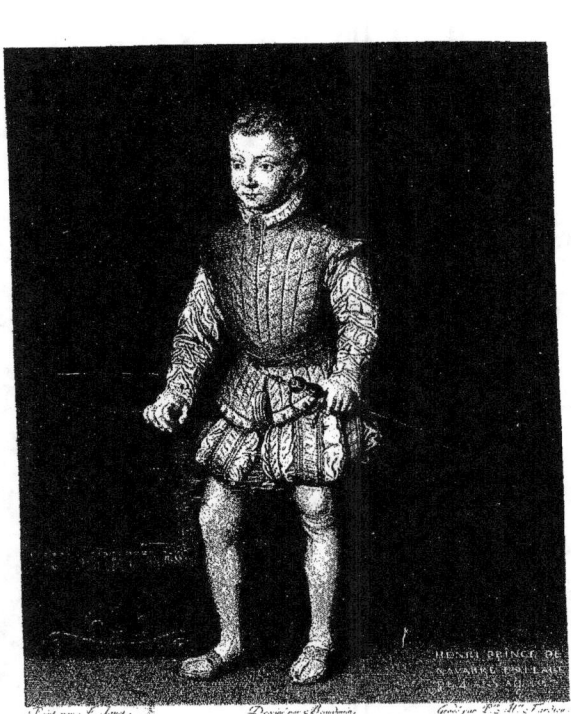

Peint par F. Janet. Dessiné par Bouchardy. Gravé par P.¹ et M.¹ Tardieu.

HENRI QUATRE.

De la Galerie de S. A. S. Monseigneur le Duc d'Orléans.

ÉCOLE FRANÇOISE.

TABLEAU DE FRANÇOIS CLOUET, DIT JANET.

Peint sur Bois, ayant de hauteur 4 Pieds, sur 3 Pieds de large.

Ce Tableau est un monument précieux qui nous transmet les traits de l'enfance d'Henri IV. Ce Prince est représenté à l'âge de quatre ans; il est debout et vêtu selon le costume du temps, tenant d'une main son Épée et de l'autre s'appuyant sur une Table couverte. Vis-à-vis. Il y a des détails précieux dans ce Tableau, mais l'illusion de la vérité est détruite par la disproportion qui se trouve entre la hauteur de la Table et celle de l'Enfant, qui par cette comparaison, est d'un Dessin trop recherché, et paroit plus que son âge.

François Clouet, plus connu sous le nom de Janet, s'est acquis une grande réputation dans la Miniature et dans le Portrait; il vivoit dans le XVI.ᵉ Siècle.

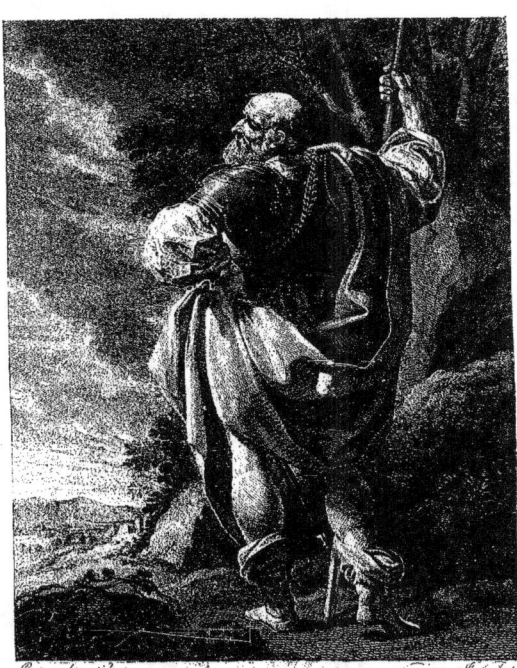

Peint par Simon Vouet.   Gravé par P. Guibert.

GAUCHER   **DE CHASTILLON**

De la Galerie   du Palais Egalité.

ÉCOLE FRANÇAISE.

TABLEAU DE SIMON VOUET.

Peint sur Toile, ayant de hauteur 6 Pieds 8 Pouces, sur 4 Pieds de large.

Ce Tableau représente Gaucher de Chastillon, l'un des plus grands Capitaines qui firent honneur à la france dans le onzième siècle. Ce grand homme d'une famille illustre suivit Philippe Auguste au Voyage de la Terre Sainte, et se distingua au Siège d'Acre en 1191. Il ne se signala pas moins à la Conquête de la Normandie en 1203, en Flandre où il se rendit maître de Tournay et à la Bataille de Bovines au gain de la quelle il contribua. Il mourut en 1219 comblé d'honneur et de gloire.

Simon Vouet, qui peignit ce Tableau pour orner la Galerie des hommes Illustres que faisoit faire le Cardinal de Richelieu, naquit à Paris en 1582 et y mourut en 1649.

Cet artiste peut être regardé comme le fondateur de l'École française; la plupart de nos meilleurs Maîtres prirent de ses leçons, on compte parmi ses élèves, le Sueur, le Brun, Mole, Perrier, Mignard, Dorigny père, Testelin, Dufresnoy et plusieurs autres.

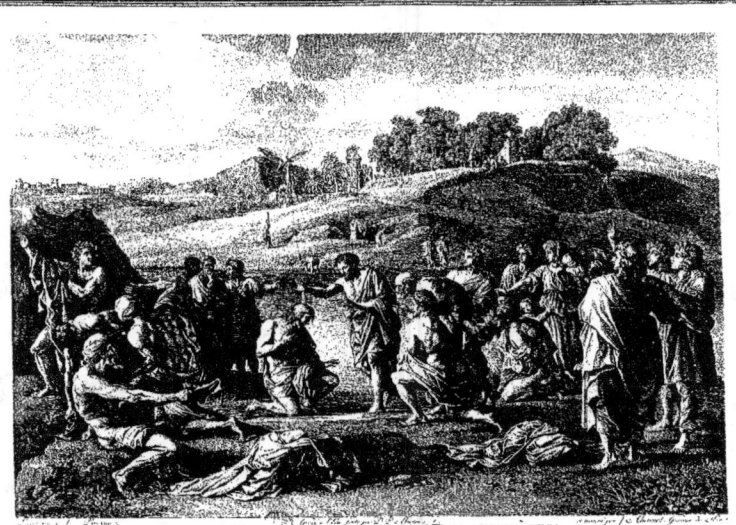

LE BAPTÊME.
De la Galerie de S. A. S. Monseigneur le Duc d'Orléans.

ÉCOLE FRANÇOISE.

1.ᵉʳ TABLEAU DE NICOLAS POUSSIN.

Peint sur Toile, ayant de hauteur 3 Pieds 8 Pouces, sur 5 Pieds 5 Pouces de large.

Monseigneur Le Duc d'Orléans possède douze Tableaux de ce Maître.

Les sept sacrements du Poussin forment une suite qu'on peut regarder comme une des plus belles productions de la Peinture. Ce Tableau représente l'institution du premier Sacrement. On y voit J. C. recevant le Baptême de S. Jean le Précurseur. Plusieurs de ceux qui les avoient suivis, se présentent aussi pour être baptisés; d'autres qui viennent de l'être s'essuient et se rhabillent. Parmi les spectateurs on distingue des femmes, des enfans et des vieillis; de quelques uns ont les yeux fixés sur la Colombe, symbole du S. Esprit qui plane au dessus de Notre Seigneur. Les divers sentimens qui affectent les uns et les autres, sont exprimés d'une manière sublime. Toute cette composition est d'un style imposant, tant par sa belle ordonnance et une grande correction de dessin, que par la noblesse du Site. L'effet en est ferme, la touche large et spirituelle, et les colons gracieux.

Nous aurions l'occasion de revenir souvent sur le Poussin: mais nous croyons d'abord devoir rapporter ici le jugement qu'en a porté M.ʳ Descamps. « Cet habile Artiste ennoblissoit par la sublimité de ses pensées, les sujets les plus communs. Il les traitoit avec beaucoup d'éloquence; un jugement solide accompagnoit tout ce qu'il faisoit. Excellent Dessinateur, grand historien, grand Poète, sage Compositeur, ne mettant pas une seule figure qu'il n'en connut la nécessité, grand Paysagiste, personne n'a mieux exprimé les divers effets de la Nature. Il inventoit aussi fidèlement qu'heureusement, la scène ordinaire de ses Tableaux étoit soutenue par de beaux fonds d'Architecture et de Paysage. Toutes ces figures avoient les convenances qu'elles devoient avoir; les costumes des Anciens et de chaques pays, les ages, les convenances des nations, des sexes, des conditions étoient exactement observés. Enfin, malgré quelques défauts, que les connoisseurs remarquent dans ses Ouvrages, comme d'avoir trop multiplié les plis des Étoffes, de n'avoir pas assez contrasté ses attitudes, ni varié ses airs de tête et ses expressions, il peut être comparé aux plus célèbres Artistes de l'Italie. »

Nicolas Poussin naquit à Andely, petite Ville de Normandie, en 1594, et mourut à Rome en 1665, âgé de 69 ans.

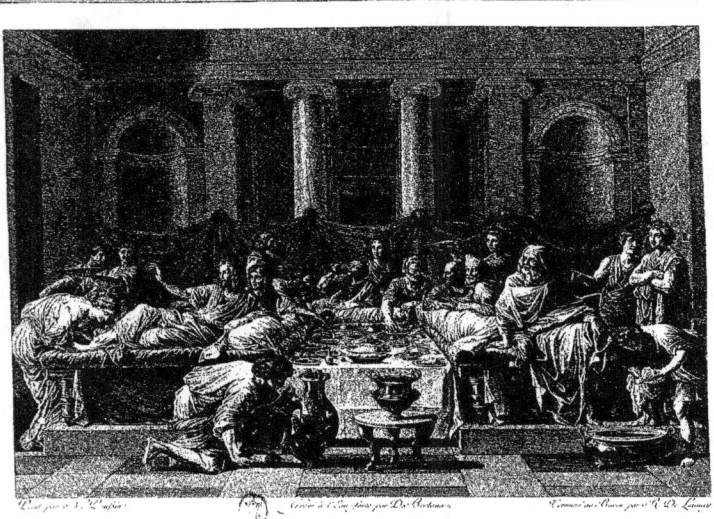

LA PÉNITENCE.
De la Galerie du Palais d'Orléans
ÉCOLE FRANÇOISE.

II.ᵉ TABLEAU DE NICOLAS POUSSIN.

Peint sur Toile, ayant de hauteur 3 Pieds 8 Pouces, sur 5 Pieds 6 Pouces de large.

Ce Tableau représente Jésus à table chez Simon le Pharisien, au moment où Magdeleine pénitente, après lui avoir versé des Parfums sur les pieds, les arrose de ses larmes et les essuie avec ses cheveux. Le Sauveur à demi-couché, le coude gauche appuyé sur le Coussin, regarde la femme pécheresse qui est toute éplorée; il étend la main droite et témoigne par ce geste qu'il lui remet ses péchés. Du côté opposé à celui de Jésus-Christ on voit Simon qui montre de la main l'action de la pécheresse; à sa gauche est un Vieillard qui paroit à son ample habillement blanc doublé de pourpre, être un Docteur de la loi. Il est assis sur le bord du lit, et un Esclave lui essuie les pieds qu'il vient de lui laver. Ces deux Pharisiens sont reconnaissables aux Phylactères qu'ils portent sur le front.

Dans le nombre des Ouvrages de Nicolas Poussin l'on n'en connoît aucun de supérieur à cette Composition; la grandeur du Style, le beau mouvement de la scène, l'expression des Caractères, la pureté du Dessin et l'Effet sont réunis ici à un degré qui ne laisse rien à désirer, et qui justifie la haute réputation de ce grand Maitre de l'École françoise.

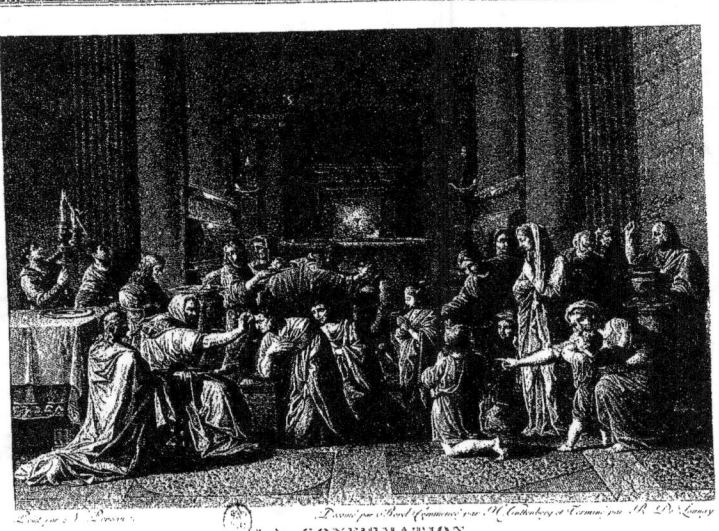

LA CONFIRMATION.
De la Galerie du Palais d'Orléans.
ÉCOLE FRANÇOISE.

III.ᵉ TABLEAU DE NICOLAS POUSSIN.

Peint sur Toile, ayant de hauteur 3 Pieds 8 Pouces, sur 5 Pieds 3 Pouces de large.

Le Poussin, toujours égal à lui-même, nous donne dans les figures qui animent cette magnifique composition une nouvelle preuve de la fécondité de son génie, de la supériorité de son Talent à varier les traits de ses Personnages, et à rendre au dehors les passions dont leurs âmes sont diversement affectées, et qui semblent leur convenir, pour les situations dans les quelles il a le Talent de les placer.

L'Auguste évènement qui conduit les fidèles au Temple inspire aux uns un sentiment de respect mêlé de crainte, aux autres une joie pure et délicieuse. Le candeur de l'âme, de l'Innocence est peint dans tous les traits de cette jeune fille que l'on apperçoit debout derrière les Enfans, aux quels l'Artiste a su donner aussi leur expressions ; à côté est une tendre Mère dont le geste annonce à son petit Enfant que son frère va bientôt avoir le bonheur de partager avec les autres fidèles les Graces et les dons de l'Esprit saint dans le Sacrement qu'il est près de recevoir. Le contentement est dans son âme et se répand sur son visage ; l'Enfant lui-même, dans l'attitude de l'étonnement et de l'admiration, semble comprendre le discours de sa Mère, et partager les sentimens de sa piété.

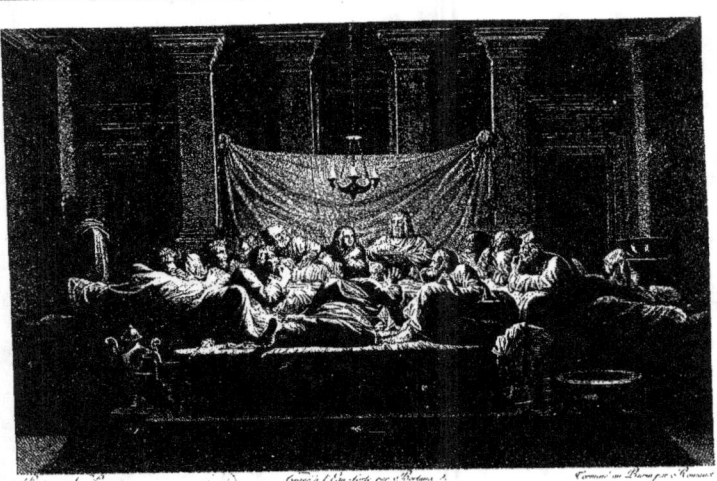

L'EUCHARISTIE.

De la Galerie du Palais d'Orléans
ÉCOLE FRANÇOISE.

IV.ᵐᵉ TABLEAU DE NICOLAS POUSSIN.

Peint sur Toile, ayant de hauteur 3 Pieds 8 Pouces, sur 5 Pieds 3 Pouces de large.

Voici la Description qui se trouve de ce Tableau dans le Catalogue des Peintures de la Galerie du Palais d'Orléans.

La Scène du Tableau est une Salle ornée de Pilastres, au milieu est une Table où la quelle on ne voit que du pain. Notre Seigneur, vêtu d'une Tunique blanche avec un Manteau d'un rouge clair, est en face, tenant la Coupe et faisant un signe de la Main, S.ᵗ Jean est à sa droite qui paroît l'avoir interrogé à la sollicitation de S.ᵗ Pierre qui est à côté de lui. Les Apôtres sont habillés différemment et nue tête, ainsi que Jésus Christ, hors un seul au bout à droite qui a un Manteau bleu, dont un pan lui couvre la tête. À gauche on voit Judas enveloppé d'une Draperie rouge et au fond de la Salle, Une Tapisserie verte attachée aux Pilastres sert de fond aux figures. Comme l'Eucharistie que ce Tableau représente a été instituée le soir, ce tems est marqué par l'obscurité de la Salle qui n'est éclairée que par une Lampe à trois mèches suspendue au plancher au-dessus de la Table, et le respect dû à ce grand Sacrement est exprimé par le Silence de ce lieu, où il n'y a que Jésus Christ et les Apôtres.

Ce Tableau ne le cède en rien aux précédens, tant par l'Ordonnance et le bel effet, que par la Correction du Dessin et la fierté de la Touche. L'Expression donnée principalement à la figure de S.ᵗ Pierre peint parfaitement la surprise et l'espèce d'incrédulité des Apôtres aux paroles de Jésus Christ, Ceci est mon Corps, ceci est mon Sang.

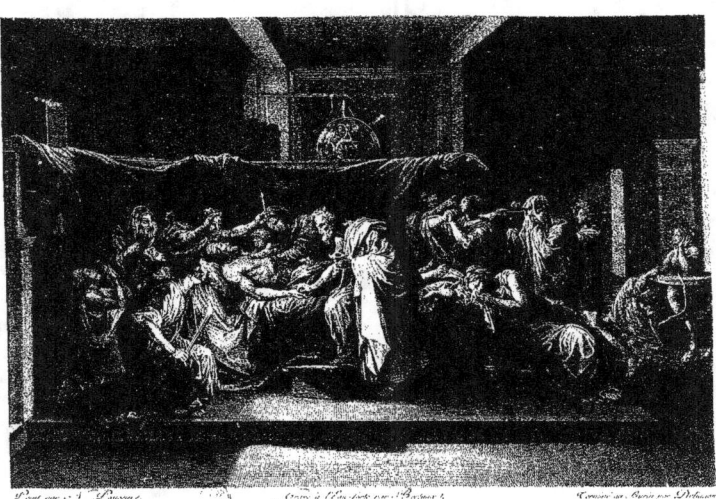

Peint par N. Poussin. Gravé à l'eau forte par Patas. Terminé au Burin par Delaunay.

L'EXTRÊME-ONCTION.

De la Galerie du Palais d'Orléans.

ÉCOLE FRANÇOISE.

V.ᵉ TABLEAU DE NICOLAS POUSSIN.

Peint sur Toile, ayant de hauteur 3 Pieds 8 Pouces, sur 5 Pieds 5 Pouces de large.

La Scène est la Chambre d'un Malade. Il est couché sur un lit à l'antique. La Mort est imprimée sur son visage, ses yeux cavés sont presque fermés, sa bouche ouverte montre qu'à peine il respire, son corps ne paroit plus qu'une masse inanimée, les pieds sont déjà morts, le bras droit est étendu sur le bord du lit, la main ouverte reçoit l'Onction sacrée.

La famille du Malade, caractérisée suivant les âges, le sexe, les Degrés de parenté, offre un Spectacle déchirant. Une jeune fille placée derrière le Clerc, les mains jointes, et les yeux au Ciel, prie pour la guérison de son père. La Mère dont la tendresse et la douleur sont également exprimées, pour ranimer le sentiment dans son Mari expirant, lui présente un petit Enfant, dernier fruit de leur union, qui tend les bras à son père, et semble lui demander encore ses caresses.

Tous les autres détails offrent le même intérêt dans ce Tableau qui, pour l'Ordonnance, les Caractères et l'expression, passe pour le plus beau des sept Sacremens peints par cet Artiste célèbre, et que l'on trouve soit à Rome, soit dans cette Collection.

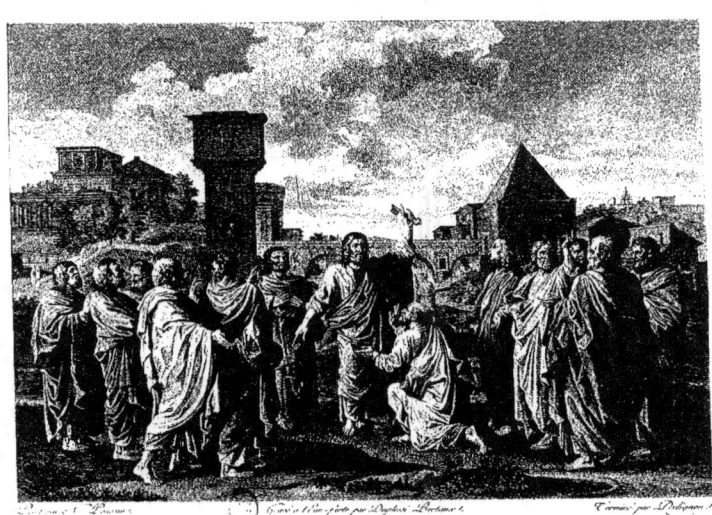

L'ORDRE.

De la Galerie du Palais Royal.

ECOLE FRANÇOISE.

VIme TABLEAU DE NICOLAS POUSSIN.

Peint sur Toile, ayant de hauteur 3 Pieds 8 Pouces, sur 5 Pieds 3 Pouces de large.

La Scène du Tableau est un Paysage qui représente les environs de la Ville de Césarée, situé au pied du Mont Liban proche de la Source du Jourdain, parce que c'est en cet endroit que Jésus Christ étoit lors qu'il donna à St Pierre le pouvoir de lier et de délier.

Il S'est au milieu du Tableau, vêtu d'une Tunique rouge avec un Manteau bleu. Il tient une Clef de chaque main, montrant de la gauche le Ciel, et de la droite la Terre. Il désigne ainsi le pouvoir qu'il confère sur l'un et l'autre Élémens. Saint Pierre dont la Tunique est verdâtre et le Manteau jaune, est à demi agenouillé et paroit dans l'admiration des paroles de son Maitre. On remarque dans les autres Disciples une grande variété de caractères. Quelques uns expriment par leurs attitudes la pié le respect et le ravissement. Le Disciple bien aimé de Jesus, se distingue sur tout par son expression pleine de candeur et de noblesse.

Ce Tableau remarquable par sa belle ordonnance, est un des mieux conservés de cette magnifique Collection.

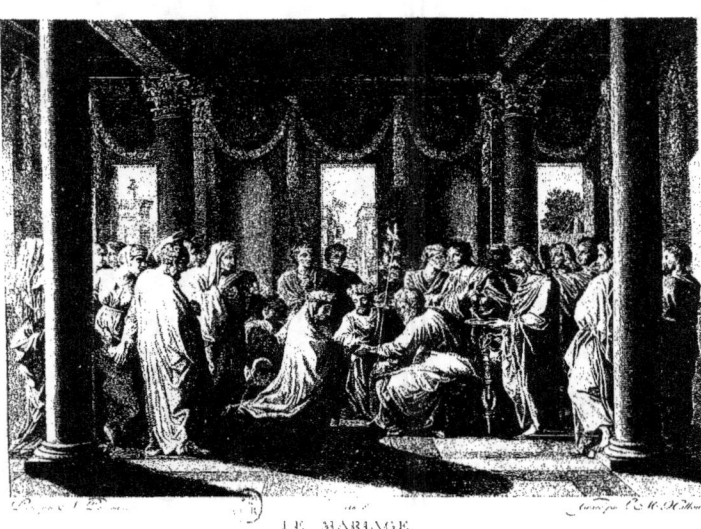

LE MARIAGE.
De la Galerie du Palais d'Orléans
ÉCOLE FRANÇOISE.

VII.ᵐᵉ TABLEAU DE NICOLAS POUSSIN.

Peint sur Toile, ayant de hauteur 3 Pieds 8 Pouces, sur 5 Pieds 5 Pouces de large.

Le Poussin, dit M. de Piles, étoit né avec un beau & grand génie pour la Peinture. L'amour qu'il eut d'abord pour les figures antiques, les lui fit étudier avec tant de soin qu'il en savoit toutes les beautés et toutes les différences, qu'il en chercha la source dans l'étude de l'anatomie, et qu'enfin il s'acquit dans ce travail-là une habitude consommée du Dessein. Mais dans cette partie-là même, au lieu de tourner ses yeux sur la Nature, comme sur l'origine des beautés dont il étoit épris, il regarda cette Maîtresse des Arts beaucoup au-dessous de la Sculpture, à laquelle il s'étoit assujetti ensorte que dans la plupart de ses Tableaux, le nud de ses figures tient beaucoup de la pierre peinte, et porte avec lui plutôt la dureté des Marbres, que la délicatesse d'une Chair pleine de sang et de vie.

Ses inventions dans les Histoires et dans les fables qu'il a traitées sont ingénieuses aussi bien que ses Allégories. Il a bien choisi ses sujets et les a traités avec toutes leurs convenances, principalement les héroïques. Il y a introduit tout ce qui peut les rendre agréables et instructifs: il les a exprimés selon leur véritable caractère, en joignant les passions de l'âme en particulier à l'expression du sujet en général.

Quand l'occasion s'en présentoit il ornoit ses Tableaux d'Architecture qu'il puisoit d'un excellent goût, et la reduisoit régulièrement en perspective qu'il savoit parfaitement.

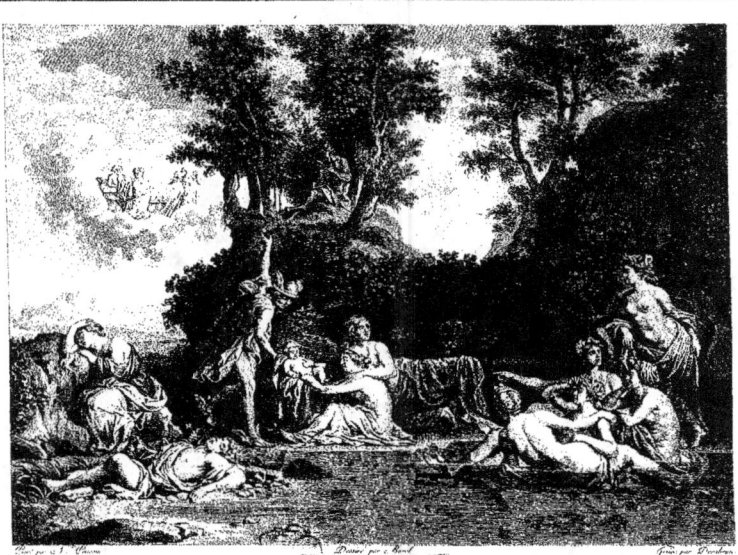

LA NAISSANCE DE BACCHUS.
De la Galerie de S.A.S. Monseigneur le Duc d'Orléans.

ÉCOLE FRANÇOISE.

TABLEAU DE NICOLAS POUSSIN.

Peint sur Toile, ayant de hauteur 3 Pieds 9 Pouces, sur 5 Pieds 6 Pouces de large.

Voici la description qu'on trouve de ce Tableau dans le Catalogue des Peintures du Palais Royal.

« La Scène du Tableau est un Paysage où coule sur le devant un ruisseau. Mercure, dont l'habillement est rouge, et les (pieds ou chapeau jaune vert) présente Bacchus nouveau né et couronné de pampre, à Ino. Cette Nymphe qui se drapérie appuyée contre onde seulement à moitié, est assise à terre et reçoit cet enfant avec beaucoup de joie. Une autre Nymphe à genoux, derrière elle, tourne la tête vers ses compagnes pour leur annoncer la naissance du fils de Jupiter, et devant on voit le Maître des Dieux, dans la nuée, couché sur un lit à l'antique, buvant l'ambroisie dans une coupe qui lui sert d'Hébée. Au dessus de Bacchus, on apperçoit le Dieu Pan assis sur le croupe d'une Montagne jouant de la flûte. Dans le coin à droite au bas du tableau, le peintre a représenté la fable de Narcisse ; il est étendu mort sur les fleurs qui portent son nom ; et un peu plus haut on voit la Nymphe Écho assise, la tête appuyée sur ses bras : sa pâleur bleuâtre marque qu'elle est changée en pierre. »

Ce sujet réunit tous les genres dans lesquels le Poussin s'est rendu également célèbre. Ce Tableau est précieux, tant pour la composition que pour le Coloris et les beaux contrastes qui résultent de la variété des plans. Le Paysage est touché avec cette vérité que procure l'étude la plus approfondie de la Nature. De belles carnations, un dessin pur et d'excellens caractères de tête, donnent aux figures les graces et l'expression dont elles sont susceptibles. Enfin le bel accord de tous qui régne dans toutes les parties, rend ce Tableau d'une harmonie parfaite, et lui assigne un rang distingué parmi les ouvrages de ce grand Maître. Il est de plus très-bien conservé.

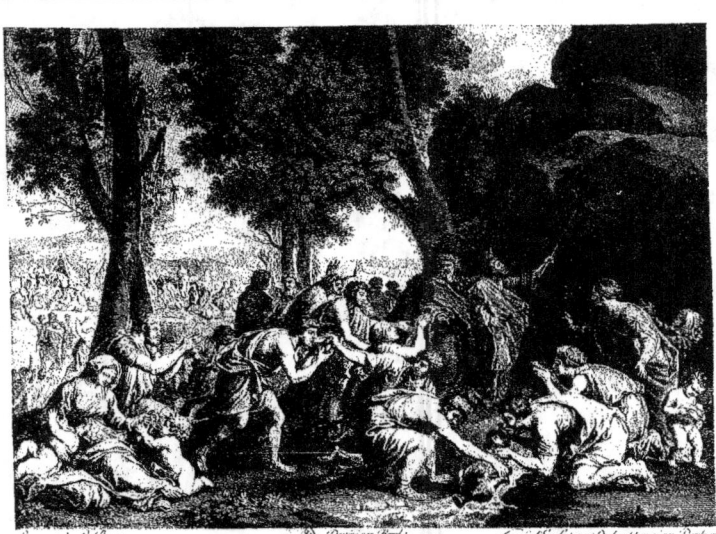

LE FRAPEMENT DU ROCHER.
De la Galerie de S.^e A.S. Monseigneur le Duc d'Orléans.

ÉCOLE FRANÇOISE.

IXe TABLEAU DE NICOLAS POUSSIN.
Peint sur Toile, ayant de hauteur 3 Pieds, sur 4 Pieds 2 Pouces de large.

Moyse frappant de sa Verge le Rocher d'Oreb en fait jaillir une Eau abondante dont se désaltèrent les Israëlites.

Tout donne à cette Scène un air de vérité et d'intérêt auquel l'Art seul ne peut atteindre sans le concours d'un beau Génie. Quel beau mouvement dans les Groupes! qu'elle variété d'expressions dans les Caractères! et a continuation de la douleur et de l'abatement succedent l'étonement, l'admiration, l'attendrissement et la joye. Les uns uniquement occupés à satisfaire la soif qui les tourmente, boivent à longs traits dans des vases qu'ils ont emplis au Ruisseau déjà formé par la Source Miraculeuse: ces transpassent de main en main, et l'on voit une Mère qui en tient un qu'elle porte à la bouche de ses Enfans pour appaiser leurs soif. Près d'elle est un Vieillard à genoux et les mains jointes qui paroit rendre grace au Ciel d'un secours si inattendu. D'autres accourent avec leurs Enfans et se pressent pour admirer le Prodige qui s'opère. Moyse est debout et tient sa Verge dont il frappe le Rocher. Derrière lui on voit Aaron qui indique aux Anciens et au Peuple que le Seigneur a été touché de leurs maux.

De grands arbres séparent ces premiers plans d'avec un Lointain très étendu où l'on apperçoit une partie du Camp des Israëlites situé au pied de la Montagne: leurs attitudes sont celles de la douleur et de l'abatement qui indiquent que l'Eau n'est point encore descendue jusqu'à eux.

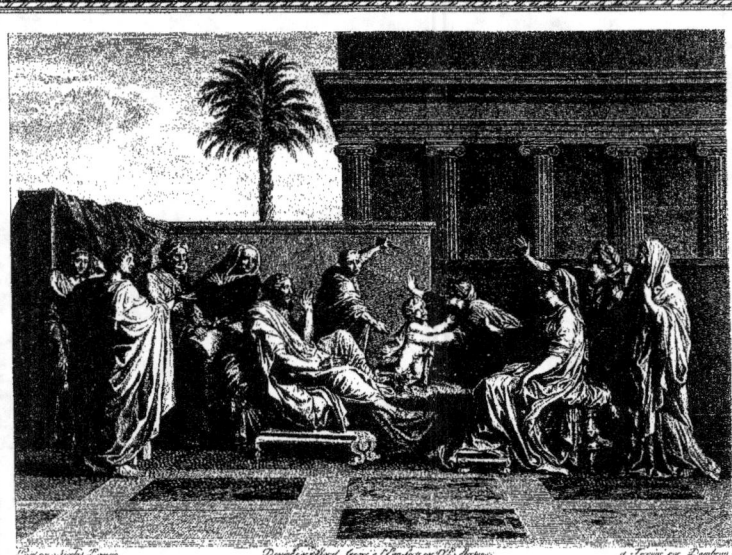

MOYSE MARCHANT SUR LA COURONNE DE PHARAON.
De la Galerie de S. A. S. Monseigneur le Duc d'Orléans.

ÉCOLE FRANÇOISE.

N.ᵉ TABLEAU DE NICOLAS POUSSIN.

Peint sur Toile, ayant de hauteur 3 Pieds 1 Pouce, sur 4 Pieds 4 Pouces de large.

Thermutis, fille de Pharaon, avant sauvé Moyse des eaux du Nil, l'adopta pour son fils à l'âge de trois ans. La beauté et la gentillesse de cet Enfant fixoient l'attention de toute la Cour; mais un jour que le Roi caressoit Moyse, sa Couronne tomba, et l'Enfant mit involontairement le pied dessus. Cette action parut de mauvais augure à ceux qui étoient présents, et un Officier furieux de cette profanation voulut le poignarder: ce moment est le sujet de ce Tableau.

Pharaon est assis, le petit Moyse près de lui a le pied sur la Couronne, et s'élance vers une femme qui s'avance avec effroi pour le garantir du fer dont il est menacé. Thermutis est assise sur un tabouret, et près d'elle sont plusieurs femmes. Derrière le Roi l'on voit plusieurs personnages vénérables et entre autres un Prêtre de Jupiter qui est appuyé sur le dossier du siège.

Le Style de grandeur qui règne dans toutes les parties de cette composition, joint à l'intérêt d'une expression sublime et d'un Dessin correct, portent ce Tableau au premier rang des ouvrages de Nicolas Poussin.

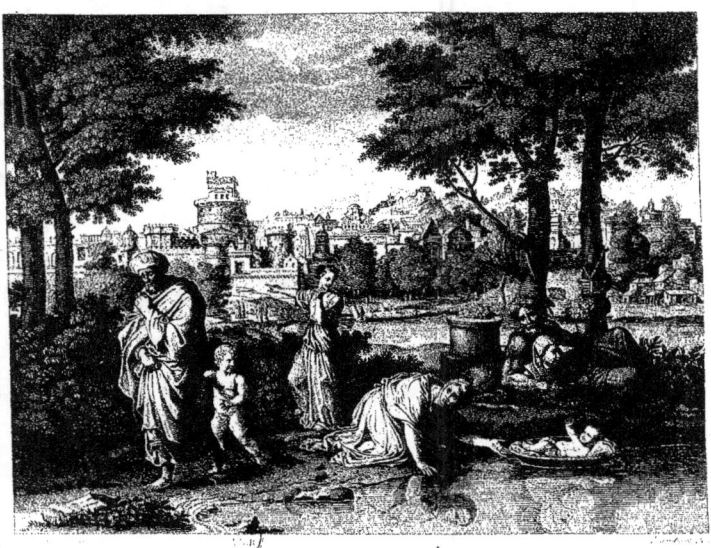

MOYSE EXPOSÉ
De la Galerie du Palais d'Orléans.

ÉCOLE FRANÇAISE

XI.ᵉ TABLEAU DE N. POUSSIN.

Peint sur toile, Hauteur 4 pieds 8 pouces, Largeur 6 pieds 4 pouces.

Le Roi d'Égypte, pour échapper aux effets d'une prédiction funeste, avait ordonné aux Hébreux de noyer tous les enfans mâles qui leur naîtraient, et aux sages femmes égyptiennes de surveiller l'exécution de cet ordre tyrannique.

La crainte les exposait insensiblement leurs jours, sans espoir de sauver ceux de leurs fils, détermine les parens de Moyse à le confier aux eaux. Une corbeille de jones enduits de bitume lui sert de nacelle, et la tendresse de Jocabed lui fait choisir pour le déposer, l'une des sinuosités du fleuve, où les eaux moins rapides laissent à cette mère éplorée une faible espérance de sauver l'objet de ses allarmes. Elle détourne les yeux, et ne peut se résoudre à quitter son fils, qui par ses gestes semble la rappeller. Aaron n'étant pas toute sa douleur est concentrée, il est aussi par l'ainé de ses fils. Aaron est né, si se résume et cherche à soulever la cause d'un malheur que la faiblesse de son âge ne lui permet pas de pénétrer. La jeune Marie encouragée par sa mère à la découverte a soins, s'apperçoit dans le lointain la fille de Pharaon. Elle en conçoit un heureux pressage, et par des signes multipliés, elle essaye de se faire entendre de Jocabed, et de la détresse de sa douleur.

Dans le lointain, des fabriques variées annoncent Memphis, la capitale de l'Égypte. Sur le premier plan la statue d'un vieillard robuste et assis, tenant une corne d'abondance, et s'appuyant sur un sphinx emblême de l'obscurité des sources du Nil, fait pressentir que la scène se passe sur les bords de ce fleuve. Un autel chargé de fleurs, des arcs, des carquois, des instrumens de musique suspendus aux arbres voisins, monumens passagers d'allégresse, de victoire et de plaisirs récemment obtenus, contrastent avec la douleur des parens de Moyse et font naître dans l'âme des spectateurs une douce mélancolie.

Le Poussin fit ce tableau en 1654, pour M. Stella son ami et Peintre estimable.

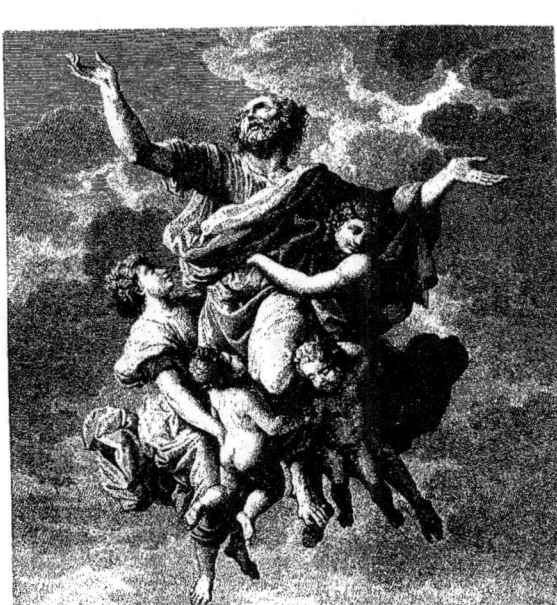

N. Poussin Pinx.   Levasseur aqua Forti.   Lambert. Perg.t

RAVISSEMENT DE St PAUL.

De la Galerie du Palais d'Orléans,

ÉCOLE FRANÇAISE.

XII.e TABLEAU DE N. POUSSIN.

Peint sur bois haut 1 pied 5 pouces largeur 11 pouces.

Dans le douzième chapitre de la seconde épître aux Corinthiens, St Paul raconte les révélations du Seigneur, et dit en parlant de lui-même. « Je sais que cet homme (sait-ce, fût-ce avec son corps ou sans son corps, je n'en sais rien, Dieu le sait) que cet homme, fut ravi dans le paradis, et qu'il y entendit des paroles ineffables, qu'il n'est pas permis à un homme de rapporter. »

Le Poussin a traité deux fois ce sujet extraordinaire avec quelques changements, le premier a été exécuté en 1643 pour Monsieur Chantelou, qui désirait un pendant au tableau de Raphaël qu'il possédait, et représentait la vision d'Ezéchiel; c'est celui dont nous offrons la gravure. Le second peint en 1649 pour Monsieur Scaron, fait aujourd'hui partie de la collection du Musée Napoléon.

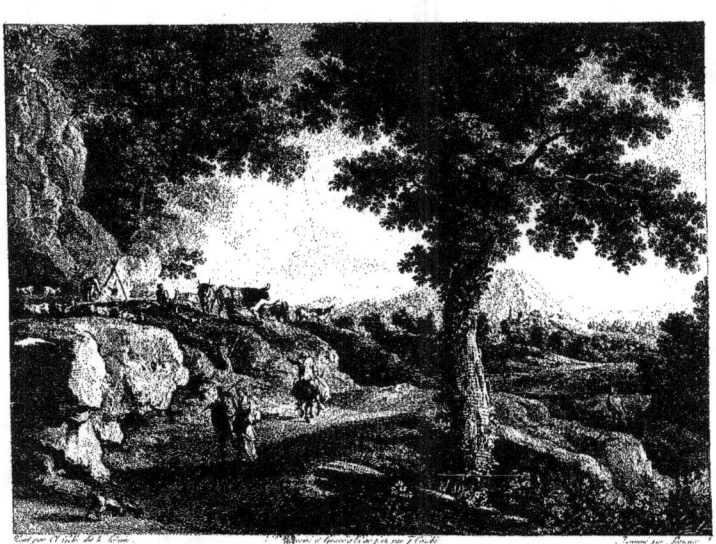

SOLEIL COUCHANT.

De la Galerie de S.^e A.S. Monseigneur le Duc d'Orléans.

ÉCOLE FRANÇOISE.

TABLEAU DE CLAUDE GELÉE
SURNOMMÉ LE LORRAIN.

Peint sur Toile, ayant de hauteur 1 Pied 4 Pouces, sur 1 Pied 9 Pouces de large.

Monseigneur le Duc d'Orléans, ne possède qu'un Tableau de ce Maître.

Aucun Peintre n'a mieux saisi le caractère de la Nature que Claude le Lorrain. On remarque dans tous les Ouvrages de ce célèbre Paysagiste une connaissance profonde des principes de la Perspective Aérienne, du Clair-Obscur et de l'harmonie; il savait exprimer par une intelligence admirable les variétés de tous qu'éprouve la Nature, aux différentes heures du jour, et l'on a de lui des effets de Soleil levant, ou couchant qui font illusion.

Le Tableau que nous représentons ici est un riche Paysage où l'on voit quelques figures et des animaux. Le Site est montagneux et agréablement varié, et l'heure du jour est le Coucher du Soleil. Une touche large et moelleuse, un Coloris chaud et harmonieux font regarder ce Tableau comme un des bons Ouvrages de ce Maître.

Claude le Lorrain a gravé aussi à l'Eau-forte, et l'on a de lui plusieurs Paysages et Marines touchés d'une manière libre, mais spirituelle et pleine de goût. Il mourut à Rome en 1682 agé de 82 ans.

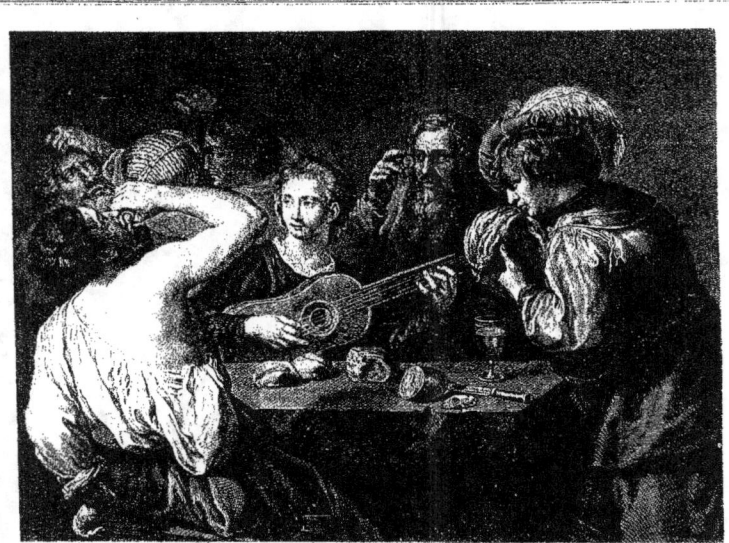

LES CINQ SENS
de la Galerie de S.A.S. Monseigneur le Duc d'Orléans

ÉCOLE FRANÇAISE.

1.ᵉʳ TABLEAU DE VALENTIN,

Peint sur Toile ayant de hauteur 5 pieds 10 pouces sur 5 pieds 4 pouces de large.

M.gr le Duc d'Orléans possède 3 Tableaux de ce Peintre.

On indique ce tableau dans le Catalogue de ceux qui composent la Galerie du Palais Royal, sous le titre d'une Femme qui joue de la Guitarre. Le titre ne nous paroît pas exact, et nous croyons plutôt que ce sont les Cinq Sens, que le Peintre a voulu représenter, la vue, par un homme qui regarde avec ses lunettes, l'odorat par un autre qui flaire un melon, le goût, par un troisième, qui boit au goulet, l'ouie, par une femme qui joue de la guitarre, et le toucher, et mieux toucher rude, à par deux hommes qui se donnent des coups de poing. Quoiqu'il en soit, on voit sur que c'est une de ces compositions burlesques, sur lesquelles le Valentin s'amusoit à s'exercer, et y jette trivial et quelques fois bizarre adonc des caractères variés, en opposition les uns avec les autres, l'on y récolte, sous le pinceau d'un grand Maître, des contrastes d'âges, de Mœurs intéressantes, et c'est par là que ce Tableau de Valentin mérite les plus grands Éloges. Le ton de couleur ferme et vigoureux, une touche large et hardie décèlent au premier coup d'œil, le jugement des Connoisseurs. On regrette seulement que ce Tableau ait souffert dans quelques endroits.

Le Valentin naquit en 1600, dans la petite ville de Colomiers en Brie. Après avoir passé quelque tems à l'école de Vouet à Paris, il se rendit à Rome, où la manière forte de Michel Ange de Caravage lui plut tellement qu'il le prit toujours pour modèle, cependant ses Tableaux ne sont en eux-mêmes, ni aussi outrés, ni aussi noirs que ceux de ce Peintre. Un trait d'éloge bien flatteur pour le Valentin, c'est que les Amateurs de Rome disoient que si le Poussin connoissoit mieux les affections de l'âme, le premier rendoit mieux la nature.

Ce Peintre mourut fort jeune à Rome en 1632, il n'étoit âgé que de 32 ans.

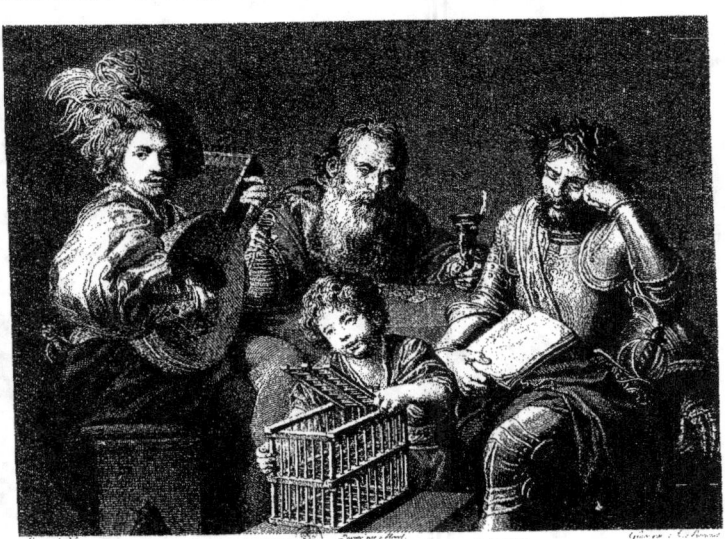

LES QUATRES AGES

De la Galerie de S. A. S. Monseigneur le Duc d'Orléans.

ÉCOLE FRANÇOISE.

TABLEAU DE VALENTIN,

Peint sur Toile, ayant de hauteur 3 Pieds 6 Pouces, sur 4 Pieds 6 Pouces de large.

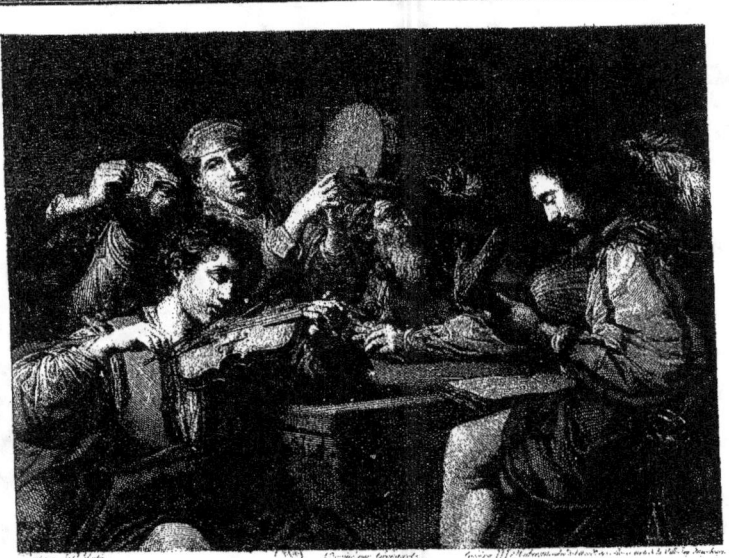

LA MUSIQUE.

De la Galerie de S. A. S. Monseigneur le Duc d'Orléans.

ÉCOLE FRANÇOISE.

III.ᵉ TABLEAU DE VALENTIN.

Peint sur Toile, ayant de hauteur 3 Pieds 5 Pouces, sur 4 Pieds 6 Pouces de large.

Ce Tableau représente plusieurs personnages dont les principaux sont costumés à l'Espagnol, l'un joue de la Guitare, l'autre l'accompagne du Violon tandis qu'un autre frappe sur un Tambour de Basque, on voit un Vieillard qui les écoute et un Soldat qui boit.

Ces sortes de sujets purement de caprice et quelquefois burlesques ne sont pas tous susceptibles de graces; mais Valentin emporté par la pétulance de ses idées, joint d'une exécution hardie pleine de force et de chaleur, intéresse toujours par de grands effets, une couleur vigoureuse, et une touche ferme et facile.

Des figures vues à mi-corps n'en exigent pas moins de la part du Peintre, la plus grande correction dans les plans qu'elles sont supposées occuper et c'est sous ce rapport particulièrement que ce morceau icy pourroit être répréhensible.

Ce Tableau qui est bien conservé a passé du Cabinet de M.ʳ Nancré dans celui de M.ᵍʳ le Duc d'Orléans.

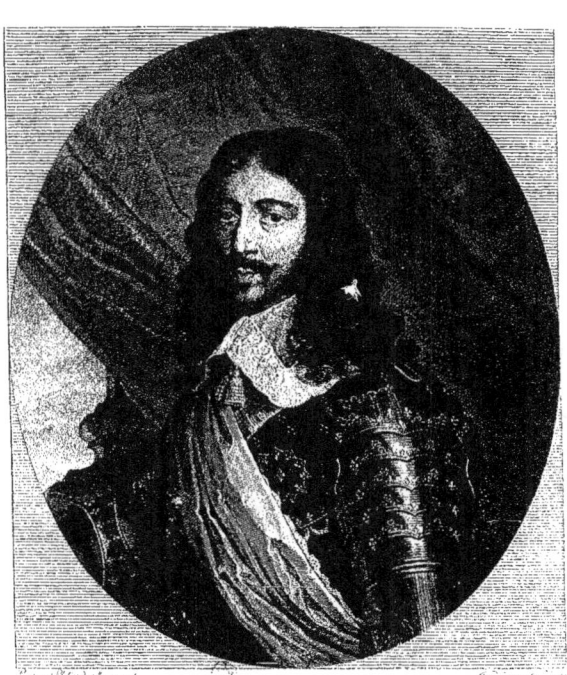

LOUIS XIII.
De la Galerie du Palais Royal.

ÉCOLE FRANÇOISE.

1.er TABLEAU DE PHILIPPE DE CHAMPAGNE.

Peint sur Toile, Ovale, ayant de hauteur 2 Pieds 4 Pouces, sur 1 Pied 8 Pouces de large.

Les Portraits peints par Champagne sont recherchés par les Amateurs les plus éclairés; un Pinceau moelleux et aimable, une belle fonte de couleurs et une grande correction de Dessin les rendent précieux. Celui qui représente Louis XIII et réunit à la plus belle exécution le caractère de la plus grande vérité.

Philippe de Champagne né à Bruxelles, vint à Paris en 1629 où il se perfectionna dans l'École de Poussin et dans celle de Duchesne, après la mort de ce dernier il lui succéda dans la place de premier Peintre de la Reine, il obtint celle de premier Peintre du Roi sans la concurrence et la réputation de Le Brun. L'on a de lui d'excellens tableaux dans plusieurs Maisons Royales et dans différentes Églises de Paris, l'on repute comme un Chef d'œuvre de Perspective et de connoisseur en Génie qu'il a peint à la voûte des Carmélites du Fauxbg. St. Jacques. Ce Grand Maitre mourut en 1674.

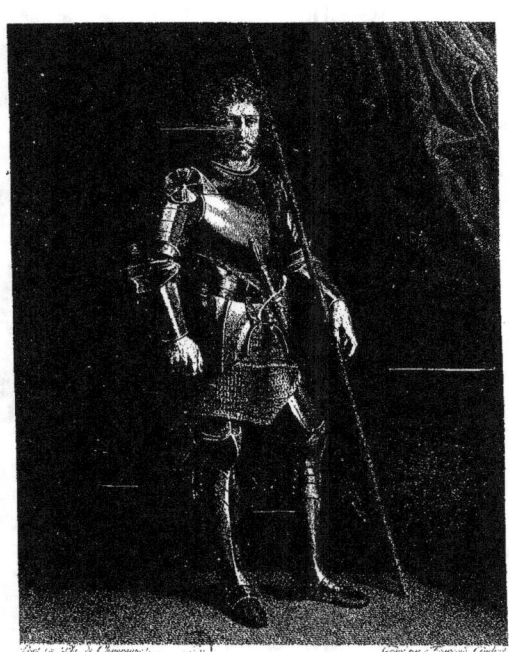

Peint par Phil. de Champagne.   GASTON DE FOIX.   Gravé par François Guibert.

De la Galerie du Palais Royal.

ÉCOLE FRANÇOISE.

IIe TABLEAU DE PHILIPE DE CHAMPAGNE.

Peint sur toile, ayant de hauteur 6 Pieds 8 Pouces, sur 4 Pieds de large.

Ce Tableau fait partie de la Collection des hommes illustres peints par Champagne dans la galerie du Cardinal de Richelieu; il représente Gaston de Foix, Duc de Nemours, Comte d'Estampes et Gén.^{al} des armées franç.^{ses} en Italie. Ce Prince, qui était neveu de Louis XII, donna de bonnes heures des preuves de valeur et particulièrement à la Bataille d'Agnadel que le Roi gagna contre les Vénitiens. Les autres services qu'il rendit au Roi après avoir été revêtu des dignités de Pair, Duc et du Général à l'âge de 20 ans, commencèrent par l'adresse qu'il fit paraître en dissipant les Suisses qui étaient venus pour attaquer le Milanais par les promesses du Pape &c. Il défendit ensuite Boulogne contre ces derniers et contre les Vénitiens et prit leurs retranchemens passant la Ville de Brescia, et gagna en 1512 la fameuse Bataille de Ravenne où il perdit la vie à l'âge de 24 ans.

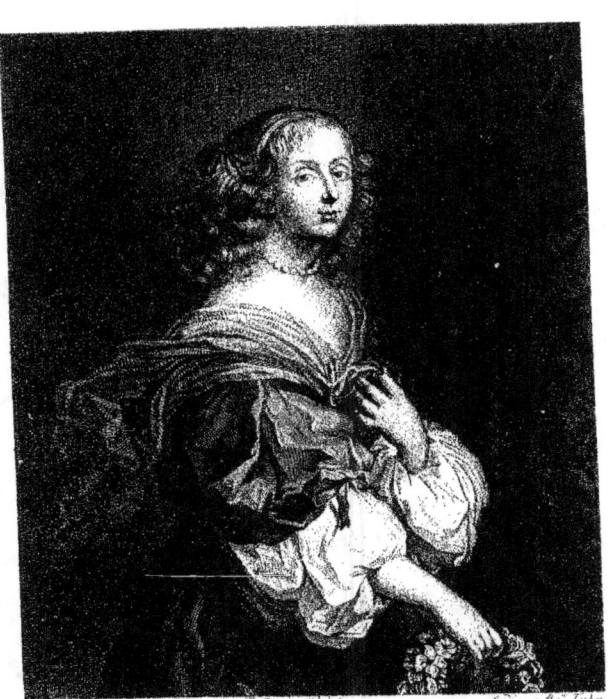

CHRISTINE, REINE DE SUÈDE.
De la Galerie de S. A. S. Monseigneur le Duc d'Orléans.

ÉCOLE FRANÇOISE.

TABLEAU DE SEBASTIEN BOURDON.
Peint sur Toile, ayant de hauteur 3 Pieds 3 Pouces, sur 2 Pieds 8 Pouces de large.

Monseigneur le Duc d'Orléans possède deux Tableaux de ce Maître.

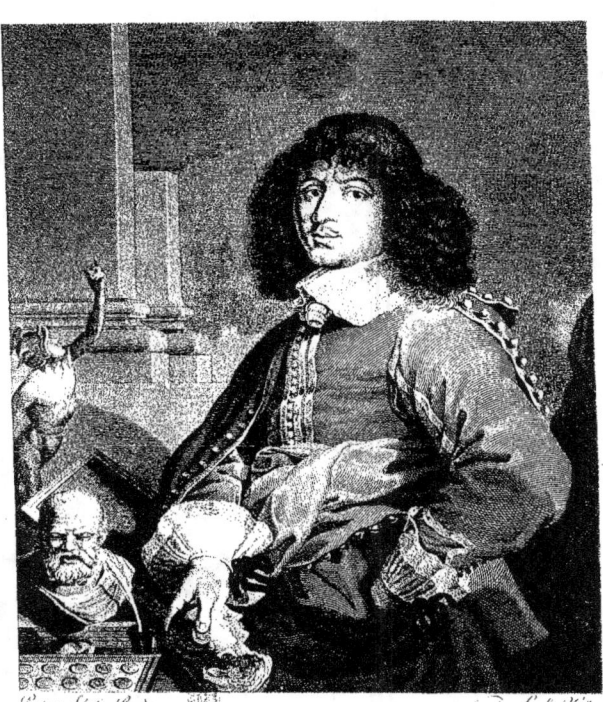

Peint par Sebastien Bourdon.   *Gravé par L. M. S. Villers.*

PORTRAIT DE WARIN.

De la Galerie du Palais d'Orléans.

ÉCOLE FRANÇOISE.

II.ᵐᵉ TABLEAU DE SEBASTIEN BOURDON.

Peint sur Toile, ayant de hauteur 3 Pieds 3 Pouces, sur 2 Pieds 8 Pouces de large.

Jean Warin Secretaire du Roi, Intendant des Bâtiments, Directeur Général des Monnoies de France et l'un des plus célèbres Graveurs du XVII.ᵐᵉ Siècle, étoit natif de Liège, d'une famille Noble. Étant dessous Page du Prince de Rochefort, son inclination naturelle le porta à dessiner, et il se rendit habile dans la Sculpture et dans la Gravure. Le Roi Louis XIII, informé de sa capacité, l'employa, et créa deux Charges en sa faveur, l'une de Directeur Général des Monnoies, l'autre de Graveur Général des Poinçons pour ces Monnoies. Warin fit sous le règne de Louis XIII et sous la minorité de Louis XIV des Medailles et des Monnoies, qui passent pour des Chefs d'Œuvre de Gravure, et qui ont rendu son nom immortel. Il mourut à Paris en 1672 à 68 ans, lors qu'il travailloit à l'Histoire Métallique du Roi.

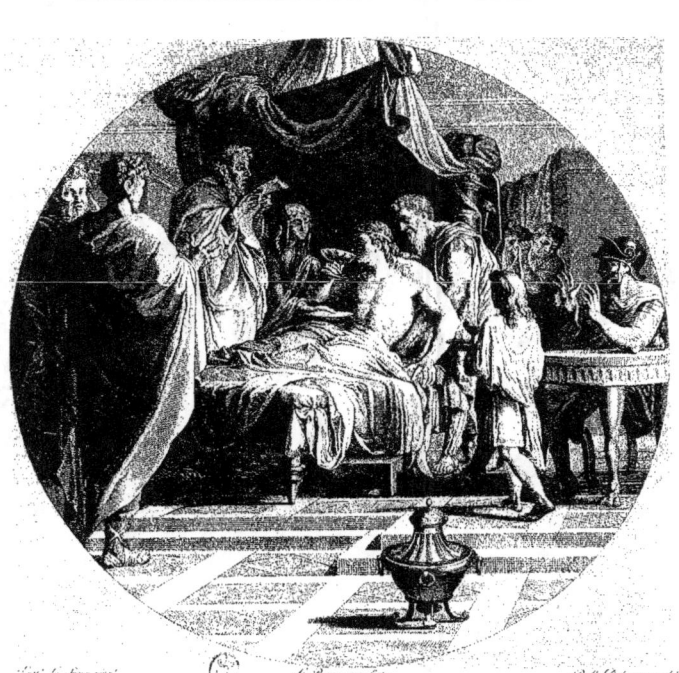

ALÉXANDRE ET SON MÉDECIN.
De la Galerie du Palais d'Orléans
ÉCOLE FRANÇOISE.

TABLEAU D'EUSTACHE LE SUEUR.
Peint sur une toile ronde de trois pieds de diamètre.

Alexandre dangereusement malade, pour s'être imprudemment baigné dans le Cydne tourmenté de l'arrivée prochaine de Darius, qu'il avoit longtems desiré, seduit par l'espoir de reparoître bientôt à la tête de ses armées, avoit consenti à prendre le remede que Philippe devoit lui donner sous trois jours. L'effet promis paroissoit trop prompt à ses confidens pour n'être pas dangereux. Chacun trembloit excepté celui qui y étoit le plus intéressé, et lui seul étoit puissamment averti que Darius avoit corrompu son medecin.

Le pour voir Philippe entrer avec son remede, Alexandre tenant la lettre de Darius son chose, la donne à lire à Philippe, en même tems il prend la coupe, et les yeux attachés sur lui, il l'avale sans hésiter et sans temoigner le moindre soupçon ni la moindre inquiétude. C'est le moment represente, et l'on ne sauroit trop admirer avec quel art le Sueur a dispose son sujet. Alexandre jeune encore, couché à demi nud occupe la place la plus favorable pour attirer les regards, le calme regne sur toute sa personne. Philippe temoigne en lisant autant de surprise que d'indignation, la crainte regne dans tous les esprits, elle paroit d'autant plus grande que celui qui l'éprouve est plus jeune, tandis que sur la droite un vieux guerrier decoré par l'âge moins sensible aux evenemens contraste fortement par son indifference avec l'agitation qui regne parmi les spectateurs.

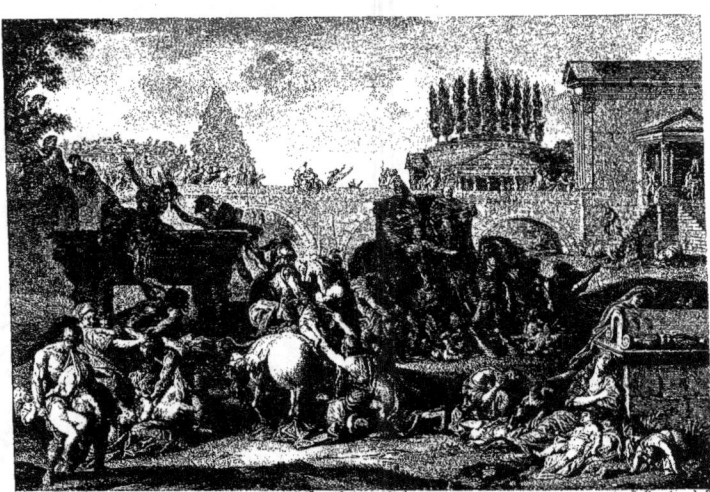

LE MASSACRE DES INNOCENS
De la Galerie de S. A. S. Monseigneur le Duc d'Orléans.

ÉCOLE FRANÇOISE.

1.ᵉʳ TABLEAU DE CHARLES LE BRUN
PREMIER PEINTRE DU ROI.

Peint sur Toile, ayant de hauteur 4 Pieds 2 Pouces, sur 5 Pieds 9 Pouces de large.

Deux Tableaux de ce Grand Maître sont dans la Galerie de Monseigneur le Duc d'Orléans.

Le Massacre des Innocens est d'une beauté achevée; la Composition et l'Ordonnance en sont sublimes, l'expression grande, noble et juste; on n'y peut rien désirer soit du côté de l'élégance et de la pureté du Dessin, soit du côté de l'exécution et du goût du Draperies. Il avait été commencé dix ans pour un Chanoine d'Autun de la Poitière, et ne fut achevé que quelques années après pour M. Du Metz, Garde du Trésor Royal.

Charles Le Brun est un de ces hommes rares et extraordinaires, nés pour faire honneur à leur Art, à leur Siècle et à leur Patrie. Issu d'une famille originaire d'Écosse, qui avait été obligée de passer en France à cause de son attachement à l'infortunée Marie Stuart, il naquit à Paris en 1619. Son Père qui était Sculpteur, cultiva les dispositions heureuses qu'il remarqua dès son enfance : mais il est tous les progrès qu'il fit dans cet Art aux bienfaits de M. le Chancelier Séguier, qui le plaça sous le Vouët le plus habile Peintre de son temps; et qui l'envoya ensuite à Rome pour étudier les Chefs-d'Œuvre que cette Ville renferme.

Le Brun revint en France en 1646 et composa une multitude d'Ouvrages qui en rendant tous les jours sa réputation la portèrent enfin au plus haut degré de Gloire qu'un Artiste puisse ambitionner. Louis XIV, ce Protecteur éclairé des Talens dans tous les genres, regarda Le Brun comme l'homme le plus capable de conduire les vastes Projets qu'il avait formés pour l'embellissement des Maisons Royales. Ce Monarque l'anoblit, lui donna les titres distingués, avec son Portrait enrichi de Diamans d'un grand prix, et le nomma enfin son premier Peintre en titre, en ajoutant à ce titre douze mille Livres de Pension, la Direction Générale de tous les Ouvrages qui se faisaient chez le Roi, et surtout de la Manufacture Royale des Gobelins où Le Brun eut un Logement.

Tous ces honneurs et ces bienfaits ne serviront, en quelque sorte, qu'à mettre les Talens de cet Artiste dans un plus beau jour; et l'on peut dire que son histoire est liée à celle des immenses travaux conçus et exécutés sous un des plus beaux Règnes qui aient jamais été. C'est alors qu'on voit naître à Versailles ces Chefs-d'Œuvre qui servent les hommages de la Postérité. Tout dans ce Palais superbe, retentit du nom de Le Brun; on y voit de toutes parts des traces de son Génie, et surtout dans cette magnifique Galerie qui, selon l'expression d'un autre, lui aurait suscité des autels dans l'antiquité Payenne. Le Brun mourut à Paris en 1690, âgé de 71 ans.

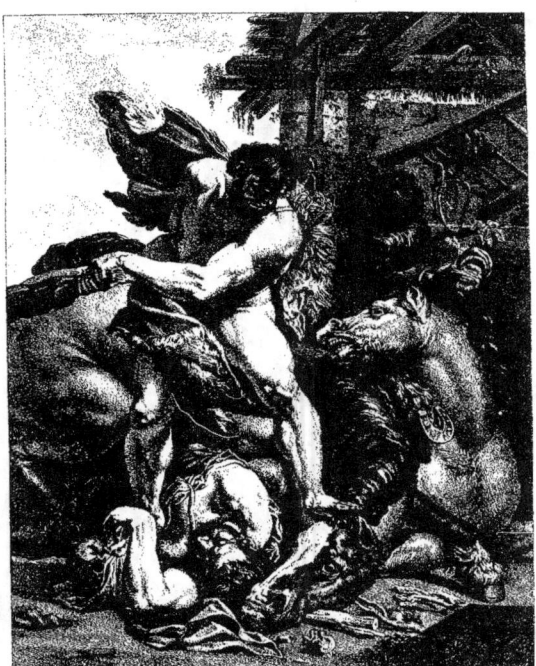

Peint par C.es Le Brun. Gravé à l'eau forte par Capitain. Terminé au Burin par J.P. Jallier.

HERCULE ASSOMMANT LES CHEVAUX DE DIOMÈDE.
De la Galerie du Palais d'Orléans.
ÉCOLE FRANÇOISE.

II.e TABLEAU DE CHARLES LE BRUN.

Peint sur Toile ayant de hauteur 8 Pieds 8 Pouces, sur 5 Pieds – Pouces de large.

Diomede étoit Roi de Thrace, Hercule fit manger par ses propres chevaux ce Tyran qui les nourrissoit de Chair humaine, et leur faisoit devorer les étrangers qui venoient dans ses états.

Ce Tableau qu'on dit avoir été fait par Charles Le Brun a l'age de 18 ans, est dessiné et touché avec toute la force et tout le goût qui caracterisent les autres productions de ce grand peintre. La composition est pleine de feu, la fierté des chevaux sur-tout inspire la frayeur par la vérité de l'expression.

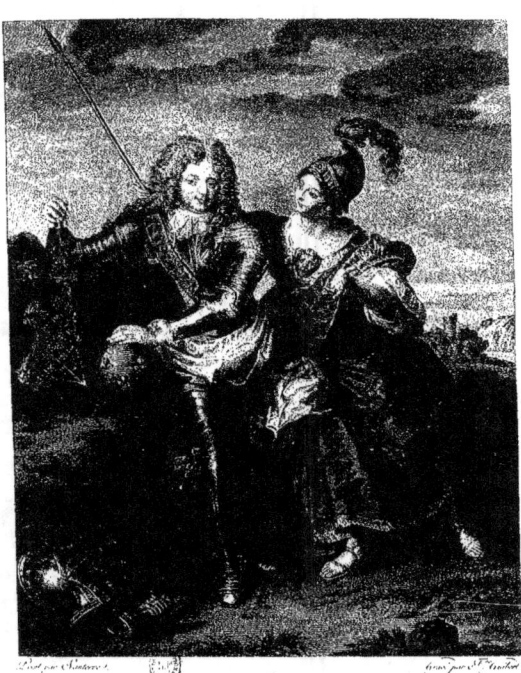

Peint par Santerre. Gravé par S. Tardieu.

LE RÉGENT.
De la Galerie du Palais d'Orléans.
ÉCOLE FRANÇOISE.

TABLEAU DE JEAN BAPTISTE SANTERRE.

(Peint sur Toile, ayant de hauteur 6 Pieds 8 Pouces, sur 4 Pieds de large.)

Ce Tableau représente Philippe, petit fils de France, Duc d'Orléans, Régent du Royaume, ce Prince né le 4 Août 1674 et mort à Versailles le 2 Décembre 1723, avoit de son État doit Spirituel, Savant et grand politique Il s'occupoit sans cesse des Arts et des Sciences, s'intéressoit à leur progrès et accordoit sa protection et des récompenses à ceux qui s'y distinguoient. Son amour pour la Peinture lui a fait rechercher les plus beaux Tableaux et a rendu à la France un trésor qui lui avoit été enlevé (les sept Sacremens du Poussin) aussi l'assemblage des Tableaux du Palais Royal, fait aujourd'hui l'admiration de toutes les Nations, et est une Savante École de Peinture.

Jean Baptiste Santerre naquit en 1658 à Magny ville du Vexin françois. Il fut reçu de l'Acad.ie en 1704 et mourut à Paris le 21 Nov. 1717.

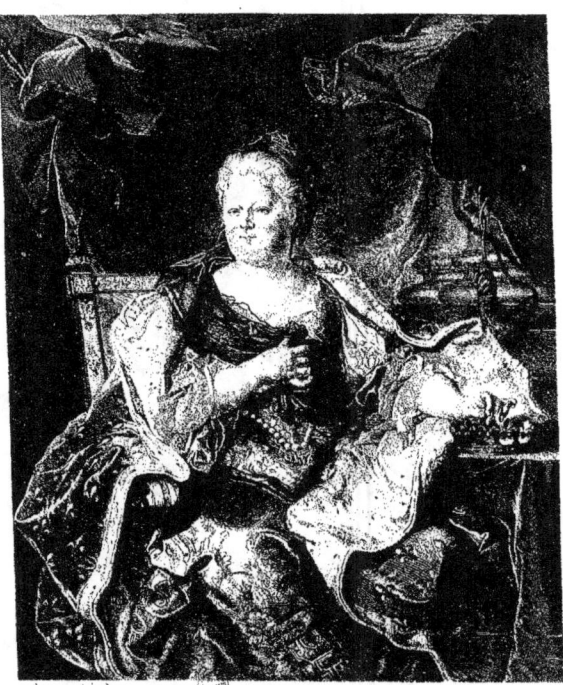

Peint par H. Rigaud. Gravé par Gabet.

CHARLOTTE ELIZABETH DE BAVIERE DUCHESSE D'ORLÉANS.

De la Galerie du Palais d'Orléans.

ECOLE FRANÇAISE.

TABLEAU D'HYACINTHE RIGAUD.

peint sur toile, hauteur 5 pieds, largeur 3 pieds 10 pouces.

Hyacinthe Rigaud a été surnommé avec justice le Van-Dyck de la France. Les souverains, les grands et les seigneurs étrangers, les célèbres artistes et les savans du siècle de Louis XIV, ont emprunté son pinceau pour faire revivre leurs traits après leur mort. La ville de Perpignan, sa patrie, qui jouissoit depuis 1449 du privilége de créer un noble, lui donna ses suffrages. Louis XV ajouta à cet honneur de nouvelles lettres de noblesse, le cordon de S.t Michel et des pensions. Rigaud parvint ensuite à la place de Directeur de l'Académie de peinture qui le perdit en 1748. Il mourut à Paris le 29 Décembre âgé de 80 ans.

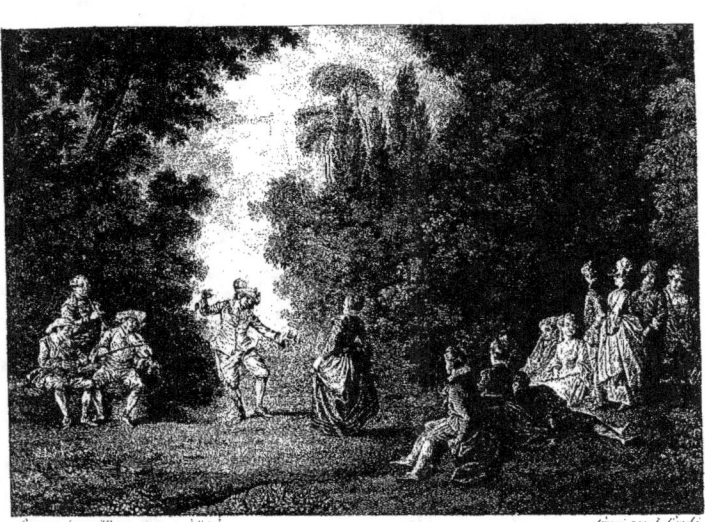

Peint par Antoine Watteau.   Gravé par J. Couché.

LE BAL CHAMPÊTRE.
De la Galerie du Palais d'Orléans.

ÉCOLE FRANÇAISE.

TABLEAU D'ANTOINE WATEAU.

Peint sur toile, haut de 2 pieds, sur 2 pieds 11 pouces de large.

Le lieu de la scène est un bocage. Deux personnes dans un costume de fantaisie, se livrent au plaisir de la danse, au milieu d'une société assez nombreuse; trois musiciens jouent des instrumens.

Watteau qui fut reçu à l'Académie de peinture en qualité de peintre des fêtes galantes, mérita ce titre par le choix de ses sujets; ils rappelent les balets de l'opera, et n'offrent point l'imitation de la nature, dans le sens que l'on attache ordinairement à ce mot. La manière de cet artiste est piquante et originale. On trouve dans ses tableaux une couleur chaude et vaporeuse, et une sorte de grace assez convenable aux personnages qu'il a représentés.

Ce peintre étoit de Valenciennes, et vint à Paris fort jeune et fut élève de Claude Gillot qui se plaisoit à peindre des bals, des représentations de comédies, des sabats et d'autres sujets bizarres. Il est mort à Nogent sur Marne en 1721, âgé de trente-sept ans.

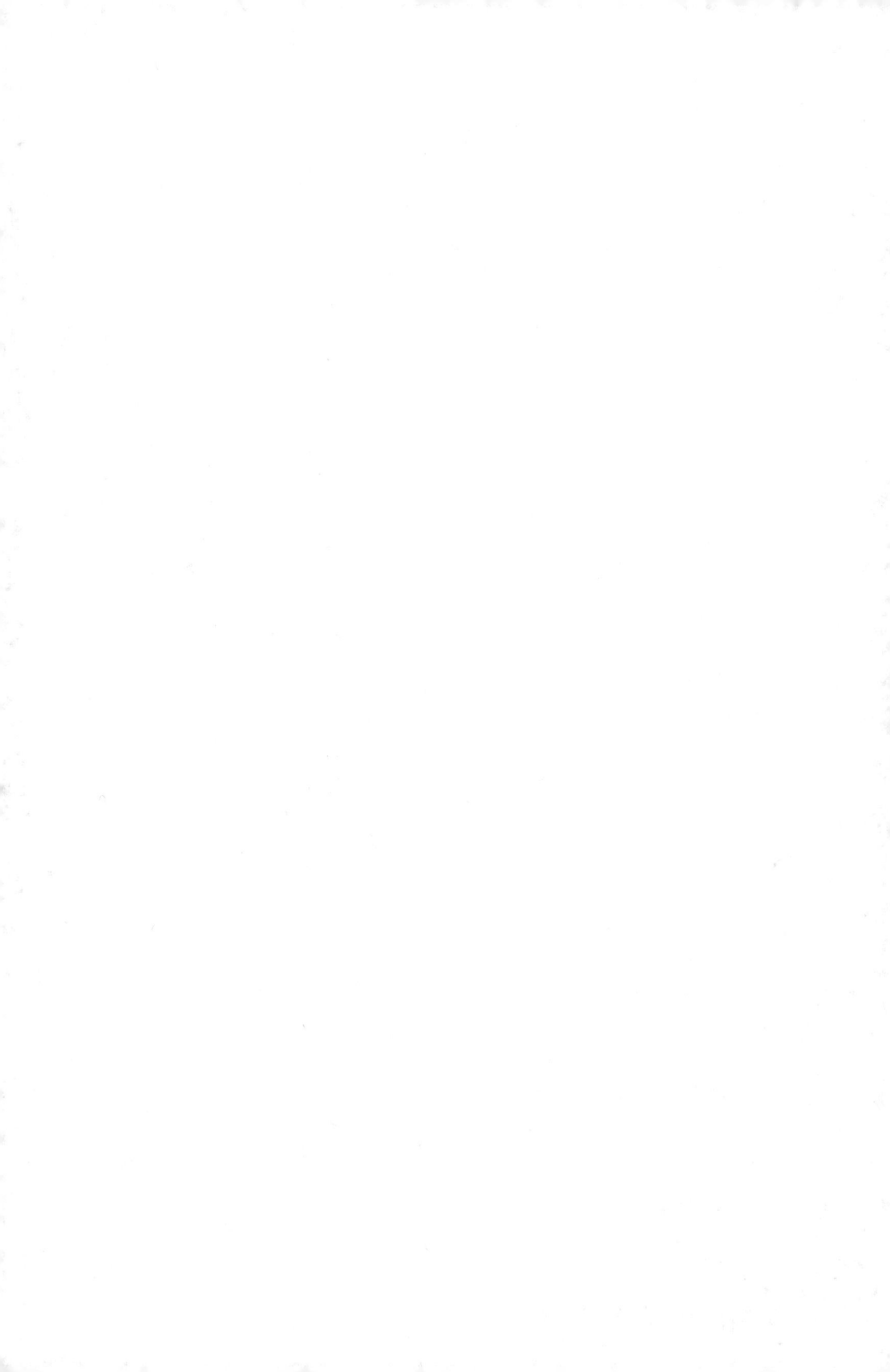

www.ingramcontent.com/pod-product-compliance
Lightning Source LLC
Chambersburg PA
CBHW052256220526
45471CB00001B/364